한국어 속의 한자어

한국어 속의 한자어

경희대학점한국어교육교재연구회

역락

머리말

한국어 교육의 성공은 한국어 학습자의 어휘력 신장에 있다고 해도 과언이 아닙니다. 한국어 어휘는 고유어, 외래어, 한자어의 3종 체계로 이루어져 있으며 그 중 한자어의 한국어 어휘 구성 비율이 가장 높습니다. 특히, 대학교 전공 용어나 전문성을 요구하는 문서의 경우 90% 이상 한자어로 구성되어 있습니다. 조금 과장해서 말하자면, 한국어 학습자들의 한국어 사용 능력은 한국어 어휘력, 그 가운데에서도 한국어의 한자어를 이해하는 능력에 달려 있다고 볼 수 있습니다.

한자어를 올바르게 이해하기 위해서는 한자어를 구성하는 한자에 대한 이해가 우선되어야 합니다. 그러나 한국어 교수·학습 기관의 한국어 교육 과정을 살펴보면 한국어 학습자를 대상으로 한 한자어의 한자 교육이 충분하지 않다는 것을 알 수 있습니다. 이에 본 교재는 한국어 학습자들이 이미 알고 있는 한자어를 충분히 활용하여 한자 교육이 이루어지도록 구성하였습니다.

본 교재는 한국어능력시험 3급 수준의 숙달도를 갖춘 한국어 학습자를 대상으로 하며 한국어 학습자들의 한자 학습에 대한 부담을 최소화하려고 하였습니다. 먼저, 국제통용한국어표준교육과정(2017)과 대학 부설 한국어 교육 기관의 한국어 교재에서 3급 수준까지의 한자어를 선정하고, 선정한 한자어에서 사용 빈도가 높은 한자 형태소 45개를 추출하였습니다. 그리고 유사한 한자 형태소를 묶어 관련 주제(시간, 취미…)와 함께 제시함으로써 한국어 학습자들의 한자에의 접근을 보다 용이하게 하였습니다.

그리고 본 교재에서는 한국어 학습자들이 특정 한자 형태소가 포함된 단어들을 반복하여 접하는 과정에서 특정 한자 형태소에 대한 형태 및 의미를 추측할 수 있도록 단원을 구성하였습니다. 이러한 교수·학습 절차를 통하여 하나의 한자가 다른 한자와 결합하여 새로운 단어를 형성한다는 것을 자연스럽게 이해할 수 있고, 나아가 한자어에 대한 이해를 높일 수 있습니다.

마지막으로 이 교재가 모든 한국어 학습자에게 유용한 길잡이가 되기를 진심으로 바랍니다. 그리고 본 교재를 위해 많은 고민과 노력을 보태 주신 역락출판사 여러분들께도 고개 숙여 감사드립니다.

2021. 8. 23
저자 일동

1. 단원 정보

본 교재는 12개의 주제별 본 단원과 4개의 복습 단원으로 구성되어 있다. 학습자들은 복습 단원인 '확인하기'에서 앞 단원에서 배운 한자의 음과 뜻을 다시 한번 점검하고 평가할 수 있다.

단원별 학습 한자 수는 3~4개로 총 45개이다. 단원마다 학습 한자 한 개에 8~12 개의 관련 한자어를 제시하여 학습자들은 총 488개의 한자어와 함께 학습 한자를 익힐 수 있다.

2. 교수·학습 시간

한 단원당 학습 시간은 대략 3시간으로 매주 한 단원씩 총 36시간(12주)에 걸쳐 본 교재를 사용할 수 있다. 15~16주로 학기가 운영되는 대학 기관에서는 2회의 정규 평가를 제외하고 13~14주 동안 본 교재를 활용할 수 있다. 그 외의 한국어 어학기 관에서는 중급 이상의 학습자를 대상으로 교육과정에 맞게 교재를 사용할 수 있다.

3. 교수·학습 모형 및 수업 시간

3시간을 기준으로 한 단원을 교수·학습하는 경우 아래의 수업 절차와 시간으로 수업을 설계하여 운영할 수 있다.

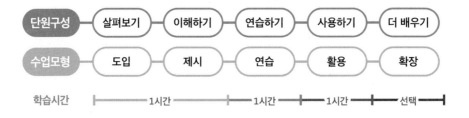

단원구성

살펴보기

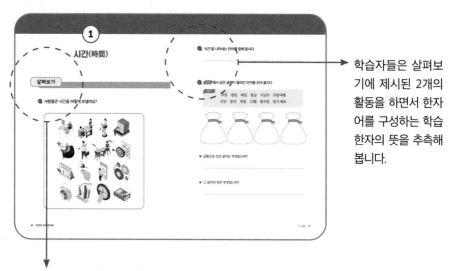

학습자들은 살펴보기에 제시된 2개의 활동을 하면서 한자어를 구성하는 학습 한자의 뜻을 추측해 봅니다.

주제와 관련된 그림 자료와 질문을 제시하여 단원의 학습 내용을 추측해 보게 합니다.
학습자들은 그림 자료와 단어 목록을 보면서 학습할 한자어가 무엇인지 생각해 봅니다.

이해하기

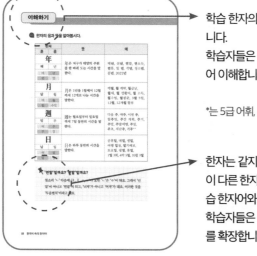

학습 한자의 형태와 뜻을 한자어 예시와 함께 보여 줍니다.
학습자들은 학습 한자의 음과 뜻을 한자어와 관련지어 이해합니다.

*는 5급 어휘, **는 6급 이상 어휘입니다.

한자는 같지만 소리가 다른 한자어, 소리는 같지만 뜻이 다른 한자어, 뜻은 같지만 소리가 다른 한자어 등 학습 한자어와 관련된 유용한 정보를 제공합니다.
학습자들은 제공된 정보를 통해 한자어에 대한 이해를 확장합니다.

단원구성

연습하기

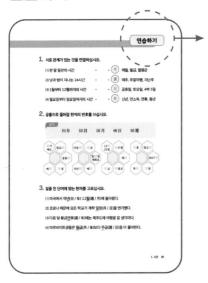

3개의 연습 활동을 제시하여 주제와 관련된 문장 안에서 자연스럽게 익힐 수 있도록 합니다.

사용하기

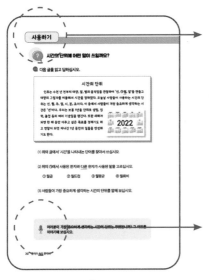

주제와 관련된 읽기 자료와 확인 문제를 통해 본 단원에서 학습한 한자의 사용과 쓰임을 확인합니다. 학습자들은 글을 읽으면서 학습 한자가 포함된 한자어가 맥락 안에서 어떻게 활용되는지 점검해 봅니다.

읽기 후 말하기 활동으로 읽기 주제와 관련된 자신의 생각을 이야기해 봅니다.

더 배우기

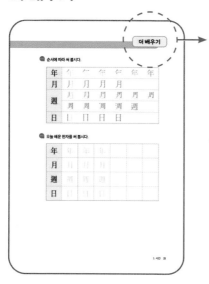

획순과 함께 학습한 한자를 제공하여 써보게 합니다.

*'더 배우기'는 필수 학습 활동이 아니므로 학습 상황과 학습자의 요구에 따라 과제로 활용하거나 제시된 한자를 읽고 관련 있는 한자어를 빨리 말하는 게임 등으로 활용할 수 있습니다.

확인하기

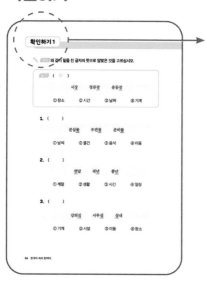

앞 단원에서 배운 내용을 점검하기 위하여 3단원마다 15개의 평가 문제를 제시합니다.

차례

1. 한국어의 어휘

- 한국어의 어휘는 고유어, 한자어, 외래어로 이루어졌습니다.

한자어
매일(每日)
일요일(日曜日)

고유어
이튿날
다음 날

외래어
밸런타인데이(Valentine day)
디데이(D-day)

'하루 동안'을 나타내는 한국어는 고유어 '날', 한자어 '일(日)', 외래어 '데이(day)'가 있습니다. 고유어는 '이튿날', '다음 날'과 같이 다른 단어와 함께 쓰이고 한자어 '일'은 '매일', '일요일'과 같은 한 단어 안에 쓰입니다. 그리고 외래어는 주로 '밸런타인데이', '디데이'와 같은 외국어를 한국어로 사용할 때 쓰는 말입니다.

- 한자어는 한자를 우리말로 표기한 말입니다. 한자는 중국의 문자로 기원전부터 한국에 들어와 한국어에 맞게 사용되고 있습니다.

한자어	고유어	외래어
강(江)	가람 * 지금은 사용하지 않는 단어	리버사이드
계란(鷄卵)	달걀	에그 샌드위치
일(一), 이(二), 삼(三)...	하나, 둘, 셋...	원 아웃, 투 아웃, 스리 아웃
수리(修理)하다, 수선(修繕)하다...	고치다	리페어 숍

(1) 강(江)을 뜻하는 고유어 '가람'은 현재 사용되지 않는 단어입니다.

(2) 계란(鷄卵)과 '달걀'은 '계란찜', '달걀찜'과 같이 한자어와 고유어가 모두 사용됩니다.

(3) 숫자 일(一), 이(二)는 고유어 '하나, 둘'에 해당하는 단어로 의미는 같지만 쓰임이 다릅니다. 예를 들어, 시간을 말할 때 '시'는 '한 시'와 같이 고유어로 말하고 '분'은 '이십 분'과 같이 한자어로 말합니다.

(4) 수리(修理), 수선(修繕)의 '수(修)'는 고유어 '고치다'에 해당하는 한자입니다. 그러나 한자는 한 글자로 잘 쓰이지 않고 주로 다른 한자와 함께 쓰입니다. '수(修)'가 결합한 한자어는 고치는 대상에 따라 다른데 예를 들어, '집, 컴퓨터' 등은 '수리'와 쓰이고 '옷, 구두'는 '수선'과 쓰입니다. 그리고 이와 같은 한자어는 '하다'와 결합하여 '수리하다', '수선하다'와 같이 동사로도 사용됩니다.

2. 한자의 기초

• 한자는 모양과 뜻(훈)과 음(독)으로 이루어졌습니다.

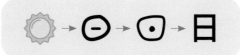

모양 ← 日 날을 뜻하고 ⟶ 뜻(훈)
         일이라고 읽습니다. ⟶ 음(독)

• 한자는 사물의 모양을 따라 만든 글자입니다. 그리고 만들어진 한자를 결합하여 다른 한자를 만들기도 하고 점과 선을 이용하여 의미를 표현하기도 합니다.

(1) 상형문자: 사물의 모양을 따라 만든 글자

'日'은 둥근 해 모양을 따라 만든 한자입니다. 일(日)은 '해'를 뜻하기도 하고 해가 뜨고 지면 하루가 지나기 때문에 '날'을 뜻하기도 합니다.

(2) 회의문자 : 다른 한자의 뜻과 뜻을 합쳐 만든 글자

日 + 月 → 明
날 일 달 월 밝을 명

'明'은 日(날 일)과 月(달 월)을 합쳐 만든 한자입니다. 해와 달이 합쳐져 '밝다'라는 뜻을 나타냅니다.

(3) 형성문자 : 한자의 음과 다른 한자가 나타내는 뜻을 합쳐 만든 글자

門 + 口 → 問
문 문 입 구 물을 문

'問'은 門(문 문)의 음과 口(입 구)의 뜻을 합쳐 만든 한자입니다. 문으로 들어오고 나갈 때 입으로 안부를 묻는 다는 뜻을 표현한 한자입니다.

3. 한국어 속의 한자어

• 한자어를 구성하는 각각의 한자는 다른 글자와 함께 쓰이는 경우가 많습니다. 그래서 한자어에 자주 쓰이는 한자를 알고 있으면 모르는 단어의 뜻을 추측해 볼 수 있습니다.

한국어, 중국어, 한자어, 고유어

'한국어'는 '한국의 언어'라는 뜻이고 '중국어'는 '중국의 언어'라는 뜻입니다. 또 '한자어'는 '한자를 사용한 말'이고 '고유어'는 '그 나라의 고유한 말'입니다.

한국, 중국, 한자, 고유 + 어(語)

이와 같이 각 단어에 반복되는 글자 '어'는 바로 '언어, 말'을 나타내는 글자라는 것을 알 수 있습니다.

그렇다면 '연어, 수어'는 무슨 뜻일까요?

연어, 수어

'연어'는 '옷(티셔츠, 바지, 원피스)을 입다', '신발을 신다'처럼 '반드시 서로 연결되는 말'을 뜻합니다.

또 '수어'는 다음 사진과 같이 '손으로 표현하는 말'을 뜻합니다.

1

시간(時間)

💬 사람들은 시간을 어떻게 보낼까요?

💬 '시간'을 나타내는 단어를 말해 봅시다.

💬 보기 에서 같은 글자가 들어간 단어를 모아 봅시다.

보기
주말 평일 매일 월급 지난주 주말여행
신년 풍년 연말 12월 월수입 일기 예보

● 공통으로 쓰인 글자는 무엇입니까?

● 그 글자의 뜻은 무엇입니까?

💬 한자의 음과 뜻을 알아봅시다.

한자		뜻	예
훈	음		
年 해　년 매　년 연　말		年은 지구가 태양의 주위를 한 바퀴 도는 시간을 말한다.	매**년**, 신**년**, **연**말, **연**소득, **연**휴, 일 **년**, 작**년**, 청소**년**, 풍**년**, 2022**년**
月 달　월 매　월 월　수입		月은 1년을 1월에서 12월까지 12개로 나눈 시간을 말한다.	매**월**, **월** 계약, **월**급날, **월**세, **월** 생활비, **월** 소득, **월**수입, **월**평균, 3**월** 5일, 12**월**, 12개**월** 할부
週 일　주 매　주 주　일		週는 월요일부터 일요일까지 7일 동안의 시간을 말한다.	다음 **주**, 매**주**, 이번 **주**, 일**주**일, **주**간 계획, **주**기, **주**말, **주**말여행, **주**일, **주**초, 지난**주**, 격**주****
日 날　일 매　일 일　정		日은 하루 동안의 시간을 말한다.	공휴**일**, 매**일**, 생**일**, 여행 **일**정, **일**기예보, 토요**일**, 평**일**, 휴**일**, 1**일** 3회, 4박 5**일**, 10월 3**일**

📌 '연말'일까요? '년말'일까요?

첫소리 'ㄴ' 다음에 'ㅑ, ㅕ, ㅛ, ㅠ'가 오면 'ㄴ'은 'ㅇ'이 돼요. 그래서 '년
말'이 아니고 '연말'이 되고, '녀자'가 아니고 '여자'가 돼요. 이러한 것을
'두음법칙'이라고 해요.

1. 서로 관계가 있는 것을 연결하십시오.

(1) 한 달 동안의 시간　　　　　•　　　•　(月)　매월, 월급, 월평균

(2) 낮과 밤이 지나는 24시간　　•　　　•　(週)　매주, 주말여행, 지난주

(3) 1월부터 12월까지의 시간　　•　　　•　(日)　공휴일, 토요일, 4박 5일

(4) 월요일부터 일요일까지의 시간　•　　•　(年)　신년, 연소득, 연휴, 풍년

2. 공통으로 들어갈 한자의 번호를 쓰십시오.

보기

(1) 年　　(2) 目　　(3) 月　　(4) 日　　(5) 週

■기예보　일요■　　다음■　■급　　12■31일　■수업　　■휴　청소■

공휴■　　일■일계획표　　매■　　2027

매■　■정　　지난■　매■　　■급　■평균　　작■　■말

3. 밑줄 친 단어에 맞는 한자를 고르십시오.

(1) 미국에서 작년(日 / 年) 12월(週 / 月)에 돌아왔다.

(2) 코로나 때문에 모든 학교가 개학 일정(月 / 日)을 연기했다.

(3) 다음 달 황금연휴(週 / 年)에는 제주도에 여행을 갈 생각이다.

(4) 아르바이트생들은 월급(月 / 年)보다 주급(週 / 日)을 더 좋아한다.

시간의 단위에 어떤 말이 쓰일까요?

💬 다음 글을 읽고 답하십시오.

시간의 단위

인류는 수천 년 전부터 태양, 달, 별의 움직임을 관찰하여 '년, ⊙월, 일'을 만들고 태양의 그림자를 이용해서 시간을 정하였다. 오늘날 사람들이 사용하는 시간의 단위는 년, 월, 주, 일, 시, 분, 초이다. 이 중에서 사람들이 가장 중요하게 생각하는 시간은 '년'이다. 우리는 보통 1년을 단위로 생일, 입학, 졸업 등의 여러 기념일을 챙긴다. 또한 새해가 되면 한 해 동안 이루고 싶은 목표를 정하기도 하고 연말이 되면 지나간 1년 동안의 일들을 반성하기도 한다.

---

(1) 위의 글에서 '시간'을 나타내는 단어를 찾아서 쓰십시오.

(2) 위의 ⊙에서 사용된 한자와 <u>다른</u> 한자가 사용된 말을 고르십시오.

① 월급   ② 월드컵   ③ 월평균   ④ 월회비

(3) 사람들이 가장 중요하게 생각하는 시간의 단위를 말해 보십시오.

🎤 **여러분이 가장 중요하게 생각하는 시간의 단위는 무엇입니까? 그 이유를 이야기해 보십시오.**

💬 순서에 따라 써 봅시다.

年	年	年	年	年	年	年
月	月	月	月	月		
週	週	週	週	週	週	週
	週	週	週	週	週	
日	日	日	日	日		

💬 오늘 배운 한자를 써 봅시다.

年	年	年	年			
月	月	月	月			
週	週	週	週			
日	日	日	日			

② 물건(物件)

살펴보기

💬 우리 주변에는 어떤 물건이 있을까요?

💬 '물건'을 나타내는 단어를 말해 봅시다.

💬 보기 에서 같은 글자가 들어간 단어를 모아 봅시다.

보기

비행기   분실물   학용품   전화기   준비물   필수품
사진기   세탁기   기념품   우편물   음식물   재활용품

● 공통으로 쓰인 글자는 무엇입니까?

● 그 글자의 뜻은 무엇입니까?

💬 한자의 음과 뜻을 알아봅시다.

한자		뜻	예
훈	음		
機		機는 어떠한 역할을 하는 기계를 말한다.	게임기, 계산기, 기계, 비행기, 사진기, 선풍기, 세탁기, 전화기, 청소기, 승강기*
기계	기		
전화	기		
기	계		
物		物은 사람들이 사용하는 모양이 있는 모든 물건을 말한다.	건물, 농산물, 분실물, 애완동물, 우편물, 음식물, 준비물, 수산물*, 유물*, 폐기물**
물건	물		
물	건		
분실	물		
品		品은 사람들이 사용할 수 있게 공장에서 만든 물건을 말한다.	가전제품, 기념품, 생활용품, 소지품, 식료품, 의약품, 재활용품, 품질, 필수품, 학용품, 품목*, 불량품*
제품	품		
기념	품		
품	목		

📌 '기(機)'와 '기(氣)'는 어떻게 다를까요?

'기(機)'와 '기(氣)'는 소리는 같지만 다른 뜻이에요. '기(機)'는 사람들이 사용하는 '기계'를 뜻하고 '기(氣)'는 '날씨'를 뜻해요.

機 기계 기	氣 기운 기
계산기 전화기 세탁기 선풍기	기온 기후 기상청 일기 예보

기

1. 서로 관계가 있는 것을 연결하십시오.

(1) 어떤 역할을 하는 기계 •
(2) 우리 주변에 있는 모든 물건 •
(3) 우리 생활에 필요한 물건으로 •
　　공장에서 만든 물건

• 品 기념품, 필수품, 학용품
• 物 농산물, 분실물, 우편물
• 機 계산기, 사진기, 청소기

2. 공통으로 들어갈 한자의 번호를 쓰십시오.

보기

(1) 機　　(2) 年　　(3) 物　　(4) 品　　(5) 日

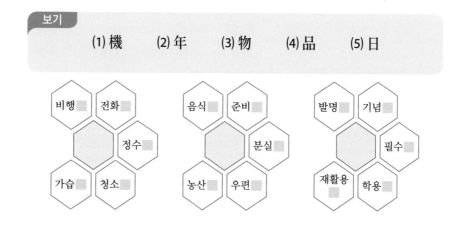

비행▨　전화▨
　　정수▨
가습▨　청소▨

음식▨　준비▨
　　분실▨
농산▨　우편▨

발명▨　기념▨
　　　필수▨
재활용▨　학용▨

3. 밑줄 친 단어에 맞는 한자를 고르십시오.

(1) 옛날 사진기(機 / 物)를 모으는 것이 나의 취미이다.

(2) 이 공책은 버린 종이를 모아서 다시 만든 재활용품(機 / 品)이다.

(3) 지하철에서 두고 내린 우산을 지하철 분실물(年 / 物)센터에 가서 찾았다.

사용하기

 휴대전화기로 할 수 있는 것은 무엇일까요?

💬 다음 글을 읽고 답하십시오.

휴대전화기의 기능

휴대전화기는 아침에 눈을 떠서 잠이 들 때까지 늘 곁에 두고 생활하는 현대인의 필수품이다. 얼마 전까지만 해도 휴대전화기는 통화 기능으로 주로 사용되었지만 통신의 발달로 지금은 움직이는 슈퍼컴퓨터가 되었다. SNS에서부터 쇼핑, 은행 업무, 온라인 수강 등 수많은 일들을 휴대전화기 하나로 모두 처리할 수 있게 되었다. 또한 휴대전화기에는 사진기, 계산기, 녹음기와 같은 기능도 있어서 우리의 생활을 아주 편리하게 해준다.

 그러나 지나친 휴대전화기의 사용은 건강을 해칠 수 있다. 오랜 시간 휴대전화기를 사용하게 되면 눈이 나빠질 수도 있고 목에 통증이 생길 수도 있다. 그렇기 때문에 우리는 휴대전화기를 적절하게 사용하여 생활의 편리함을 더하는 기계로 이용해야 한다.

(1) 위의 글에서 '물건'을 나타내는 단어를 찾아서 쓰십시오.

(2) 위의 '전화기, 계산기, 사진기'에서 공통으로 쓰인 한자를 고르십시오.

    ① 機   ② 物   ③ 品   ④ 日

(3) 휴대전화기에는 어떤 기능이 있습니까?

   여러분은 휴대전화기의 어떤 기능을 주로 사용하는지 이야기해 보십시오.

💬 순서에 따라 써 봅시다.

機	機	機	機	機	機	機
	機	機	機	機	機	機
	機	機	機	機		
物	物	物	物	物	物	物
	物	物				
品	品	品	品	品	品	品
	品	品	品			

💬 오늘 배운 한자를 써 봅시다.

機	機	機	機			
物	物	物	物			
品	品	品	品			

3

장소(場所)

살펴보기

💬 여기는 어디일까요?

💬 '장소'를 나타내는 단어를 말해 봅시다.

💬 보기 에서 같은 글자가 들어간 단어를 모아 봅시다.

보기
| 병원 | 미장원 | 주유소 | 화장실 | 정류장 | 강의실 |
| 시장 | 세탁소 | 사무실 | 매표소 | 대학원 | 운동장 |

● 공통으로 쓰인 글자는 무엇입니까?

● 그 글자의 뜻은 무엇입니까?

... 한자의 음과 뜻을 알아봅시다.

한자		뜻	예
훈	음		
場		場은 어떤 일을 하는 넓은 장소를 말한다.	경기**장**, 공연**장**, 공**장**, 극**장**, 수영**장**, 시**장**, 운동**장**, 정거**장**, 정류**장**, 주차**장**, 캠핑**장**, 해수욕**장**
마당	장		
극	장		
장	소		
室		室은 주로 실내에 있는 장소를 말한다.	강의**실**, 거**실**, 경비**실**, 교**실**, 미용**실**, 사무**실**, **실**내, **실**외, 오락**실**, 응급**실**, 침**실**, 화장**실**, 회의**실**, 휴게**실**
집	실		
화장	실		
실	내		
所		所는 여러 사람이 공동으로 사용하는 비교적 좁은 장소를 말한다.	매표**소**, 세탁**소**, 숙**소**, 안내**소**, 연구**소**, 장**소**, 주유**소**, 출입국관리사무**소**, 파출**소**, 휴게**소**
장소	소		
주유	소		
院		院은 시설을 갖춘 공적인 장소를 말한다.	고아**원**, 대학**원**, 법**원**, 병**원**, 양로**원**, 요양**원**, 학**원**, 감사**원****, 한의**원****
집	원		
병	원		

📌 장소를 나타내는 다른 한자도 알아볼까요?

局 판 국
방송국, 약국, 우체국

地 땅 지
관광지, 목적지, 휴양지

장소

店 가게 점
백화점, 서점, 편의점

館 집 관
대사관, 도서관, 박물관

1. 서로 관계가 있는 것을 연결하십시오.

(1) 주로 실외에 있는 넓은 장소 · · 院 병원, 법원, 양로원

(2) 주로 실내에 있는 좁은 장소 · · 場 운동장, 시장, 주차장

(3) 주로 공적으로 사용되는 장소 · · 室 침실, 화장실, 미용실

(4) 여러 사람이 사용하는 · · 所 매표소, 세탁소, 주유소
비교적 좁은 장소

2. 공통으로 들어갈 한자의 번호를 쓰십시오.

보기

(1) 院　　(2) 所　　(3) 物　　(4) 室　　(5) 場

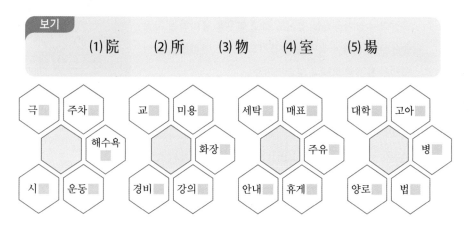

3. 밑줄 친 단어에 맞는 한자를 고르십시오.

(1) 여행을 가기 전에 주유소(所 / 院)에서 기름을 채우는 것이 좋다.

(2) 여름이 되면 많은 사람들이 피서를 즐기러 해수욕장(物 / 場)에 간다.

(3) 몸이 아프면 빨리 병원(機 / 院)에 가서 진료를 받고 휴식을 취해야 한다.

(4) 수업 시작을 알리는 안내 방송에 학생들이 교실(室 / 所) 안으로 들어갔다.

사용하기

 사람들은 보통 어디로 휴가를 갈까요?

💬 다음 글을 읽고 답하십시오.

여름휴가 장소

요즘 한낮 기온이 30도를 넘어서면서 많은 사람들이 여름 휴가를 계획하고 있다. 가족이나 연인과 함께 즐거운 시간을 보내기 위해서 다양한 휴가 장소를 찾는다. 편안하게 쉴 수 있는 휴양지를 찾는 사람도 있고 수상 스포츠를 즐기기 위해 ㉠해수욕장을 찾는 사람들도 있다. 또 가족들과 함께 자연 속에서 시간을 보내기 위해서 캠핑장을 찾는 사람들도 있다.

그러나 멀리 가는 것을 좋아하지 않는 사람들은 가까운 극장이나 놀이공원을 찾기도 하고 야구를 좋아하는 사람들은 야구장에서 휴가를 즐기기도 한다. 여러분들은 어디에서 휴가를 보내고 싶습니까?

---

(1) 위의 글에서 '장소'를 나타내는 단어를 찾아서 쓰십시오.

(2) 위의 ㉠해수욕장의 장(場)과 쓰임이 다른 단어를 고르십시오.

① 극장   ② 반장   ③ 주차장   ④ 캠핑장

(3) 사람들은 주로 어디에서 휴가를 보냅니까?

 여러분 나라에서 인기 있는 휴가 장소를 말해 보십시오.

순서에 따라 써 봅시다.

場	場	場	場	場	場	場
	場	場	場	場	場	場
室	室	室	室	室	室	室
	室	室	室			
所	所	所	所	所	所	所
	所	所				
院	院	院	院	院	院	院
	院	院	院	院		

오늘 배운 한자를 써 봅시다.

場	場	場	場			
室	室	室	室			
所	所	所	所			
院	院	院	院			

✎ 보기 와 같이 밑줄 친 글자의 뜻으로 알맞은 것을 고르십시오.

> 보기 (①)
>
> 시<u>장</u>   정류<u>장</u>   운동<u>장</u>
>
> ① 장소   ② 시간   ③ 날짜   ④ 기계

1. (   )

분실<u>물</u>   우편<u>물</u>   준비<u>물</u>

① 날씨   ② 물건   ③ 음식   ④ 이동

2. (   )

<u>연</u>말   작<u>년</u>   풍<u>년</u>

① 계절   ② 생활   ③ 시간   ④ 일정

3. (   )

강의<u>실</u>   사무<u>실</u>   <u>실</u>내

① 기계   ② 시설   ③ 이동   ④ 장소

✏️ 보기 와 같이 밑줄 친 글자의 뜻이 <u>다른</u> 하나를 고르십시오.

4. (　　　)

① <u>주</u>급　　　② <u>주</u>말　　　③ <u>주</u>변　　　④ 지난<u>주</u>

5. (　　　)

① 기념<u>품</u>　　　② 소지<u>품</u>　　　③ 인<u>품</u>　　　④ <u>품</u>질

6. (　　　)

① 미<u>소</u>　　　② 숙<u>소</u>　　　③ 연구<u>소</u>　　　④ 주유<u>소</u>

✎ 보기 와 같이 밑줄 친 글자에 해당하는 한자를 고르십시오.

보기 (④)

작년   청소년   2022년

①月   ②一   ③日   ④年

7. (   )

비행기   세탁기   전화기

①機   ②氣   ③物   ④品

8. (   )

공휴일   생일   평일

①月   ②一   ③日   ④週

9. (   )

고아원   대학원   병원

①館   ②院   ③場   ④品

✏️ 보기 와 같이 한자의 음을 쓰십시오.

> 보기
>
> 생日 : __생일__ / 週말 : __주말__

10. ① 매週 : _____ ② 사진機 : _____

③ 작年 : _____ ④ 식료品 : _____

11. ① 日정 : _____ ② 月급 : _____

③ 교室 : _____ ④ 場所 : _____

12. ① 불량品 : _____ ② 회의室 : _____

③ 年소득 : _____ ④ 매표所 : _____

✏️ 보기 와 같이 □ 안에 들어갈 한자를 고르십시오.

보기 (④)

휴대전화기는 현대인에게 꼭 필요한 필수□이다.

① 機 　　 ② 物 　　 ③ 勿 　　 ④ 品

13. (　　)

사람들은 보통 1□을 단위로
생일, 입학, 졸업 등의 기념일을 챙긴다.

① 年 　　 ② 月 　　 ③ 日 　　 ④ 週

14. (　　)

내 취미는 옛날 □건을 모으는 것이다.

① 機 　　 ② 物 　　 ③ 勿 　　 ④ 品

15. (　　)

요즘 휴가 장소로 극□이나 놀이공원을 찾는 사람이 많다.

① 所 　　 ② 室 　　 ③ 院 　　 ④ 場

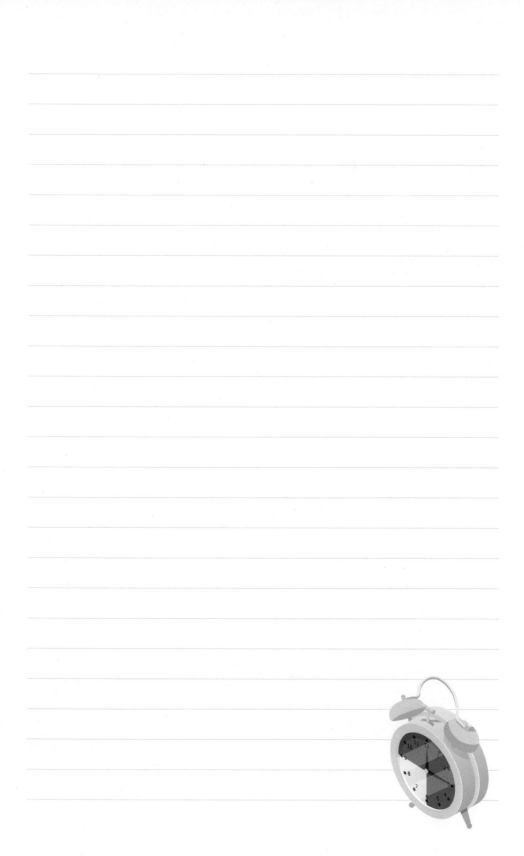

4

이동(移動)

💬 사람들은 어떻게 이동할까요?

💬 '이동'을 나타내는 단어를 말해 봅시다.

- -

💬 보기 에서 같은 글자가 들어간 단어를 모아 봅시다.

보기

이사 차도 교통 이직 통학 통근
인도 이체 통행 도로 이전 횡단보도

● 공통으로 쓰인 글자는 무엇입니까?

- -

● 그 글자의 뜻은 무엇입니까?

- -

💬 한자의 음과 뜻을 알아봅시다.

한사		뜻	예
훈	음		
移		移는 사람, 돈, 물건을 다른 장소로 옮기는 것을 말한다.	이동 통신, 이민, 이사, 이송, 이식, 이전, 이직, 이체, 이주**, 이행**
옮기다	이		
이	사		
通		通은 사람이 서로 오고 가거나 물건을 운반하거나 사람과 사람이 서로 소통하는 것을 말한다.	교통, 유통, 의사소통, 통근버스, 통로, 통신, 통학, 통행금지, 통행량, 통화, 통화량
통하다	통		
교	통		
통	행		
道		道는 사람이나 차가 다니는 길을 말한다.	고가도로, 고속도로, 도로, 복도, 인도, 차도, 철도, 횡단보도, 궤도**
길	도		
차	도		
도	로		

📌 '거리'와 '길'은 어떻게 다를까요?

街 거리 국	路 길 로
街는 '거리'라는 뜻으로 집이나 건물이 있는 길을 말하며 집이나 건물이 없을 때는 사용하지 않아요.	道와 路는 모두 '길'이라는 뜻으로 집이나 건물이 있어도 사용하고 없어도 사용해요.
가로등, 가로수, 상가, 식당가, 주택가	도로, 등산로, 산책로, 지하철 노선, 차로(=차도), 철로

1. 서로 관계가 있는 것을 연결하십시오.

(1) 사람이나 차가 다니는 길　·

(2) 사람이 서로 오고 가는 것　·

(3) 직장, 돈, 주소 등을 옮기는 것　·

· 通　교통, 통학, 통행

· 移　이민, 이직, 이체

· 道　차도, 인도, 횡단보도

2. 공통으로 들어갈 한자의 번호를 쓰십시오.

> 보기
>
> (1) 年　　(2) 移　　(3) 道　　(4) 週　　(5) 通

3. 밑줄 친 단어에 맞는 한자를 고르십시오.

(1) 버스가 인도(道 / 通)로 뛰어들어서 사람들이 많이 다쳤습니다.

(2) 더 좋은 직장에 다니기 위해 이직(移 / 道)하는 사람들이 많습니다.

(3) 요즘은 기술의 발달로 어디에서든 영상 통화(週 / 通)가 가능합니다.

(4) 건강을 위해서 공기가 맑은 농촌으로 이사(移 / 週)를 가려고 합니다.

사람들은 보통 어디로 다닐까요?

💬 다음 글을 읽고 답하십시오.

길과 도로

'길'과 '도로'는 사람이나 자동차가 이동하는 데 꼭 필요하다. 그러나 길과 도로에는 차이가 있다. 길은 도로가 생기기 전부터 사람들이 이동하거나 이사를 하거나 물건을 옮기거나 할 때 이용하여 왔다. 그리고 길은 도로처럼 건설 공사로 만들어진 것이 아니라 사람들이 자주 다녀서 자연스럽게 생긴 것이다. 이러한 길에는 산길, 눈길, 오솔길, 올레길 등이 있다.

도로는 산업이 발전하면서 대량 생산이 가능해졌고 대량으로 만든 물건을 이동해야 하는 필요성 때문에 국가가 건설 사업으로 만든 길이다. 즉 길은 자연적으로  생긴 것이지만 도로는 국가가 목적을 가지고 계획해서 만든 것이다. 이러한 도로에는 사람이 다니는 인도, 차가 다니는 차도, 그리고 사람들이 도로를 안전하게 건널 수 있게 만든 횡단보도 등이 있다.

---

(1) 위의 글에서 '이동'을 나타내는 단어를 찾아서 쓰십시오.

(2) 위의 글에서 '옮기다'의 뜻을 가진 단어를 고르십시오.

① 길   ② 도로   ③ 이사   ④ 인도

(3) '길'과 '도로'는 어떻게 다릅니까?

 여러분 나라의 '길'과 '도로'에 대해서 말해 보십시오.

💬 순서에 따라 써 봅시다.

移	移	移	移	移	移	移
	移	移	移	移	移	
通	通	通	通	通	通	通
	通	通	通	通	通	
道	道	道	道	道	道	道
	道	道	道	道	道	道
	道					

💬 오늘 배운 한자를 써 봅시다.

移	移	移	移			
通	通	通	通			
道	道	道	道			

5

의식주(衣食住)

살펴보기

💬 우리가 생활하는 데 필요한 것은 무엇일까요?

💬 '옷, 음식, 집'을 나타내는 단어를 말해 봅시다.

💬 보기 에서 같은 글자가 들어간 단어를 모아 봅시다.

보기

식사 주소 식구 의상 주민 거주
주택 식욕 간식 상의 하의 탈의실

● 공통으로 쓰인 글자는 무엇입니까?

● 그 글자의 뜻은 무엇입니까?

💬 한자의 음과 뜻을 알아봅시다.

한자		뜻	예
훈	음		
衣		衣는 입는 옷을 말한다.	상의, 인상착의, 의류, 의복, 의상, 전통 의상, 탈의실, 하의
옷	의		
상	의		
의	류		
食		食은 먹는 밥이나 음식을 말한다.	간식, 과식, 식구, 식량, 식료품, 식비, 식사, 식습관, 식욕, 식중독, 식탁, 식품, 식후 30분, 한식당
밥	식		
간	식		
식	사		
住		住는 사람들이 사는 곳을 말한다.	거주, 거주자, 이주, 이주민, 입주, 주거, 주거 문화, 주민, 주민세, 주소, 주소지, 주택, 무주택**
살다	주		
거	주		
주	소		

📌 '衣(의), 食(식), 住(주)'와 소리는 같지만 뜻이 다른 한자도 알아볼까요?

醫 의원 (의)		意 뜻 (의)
의사, 의학, 의료보험	의	의미, 의견, 의지

識 알 (식)		式 법 (식)
지식, 상식, 인식	식	형식, 예식장, 장례식

主 주인 (주)		酒 술 (주)
주인, 공주, 주제	주	음주, 맥주, 안주

1. 서로 관계가 있는 것을 연결하십시오.

(1) 옷 •   • 住 거주, 주소, 주택

(2) 집 •   • 食 간식, 식습관, 식품

(3) 음식 •   • 衣 의복, 인상착의, 탈의실

2. 공통으로 들어갈 한자의 번호를 쓰십시오.

보기

(1) 住   (2) 週   (3) 衣   (4) 食   (5) 室

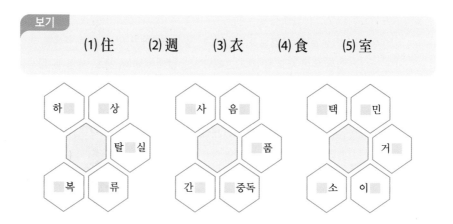

하■   ■상   ■사   음■   ■택   ■민

탈■실   ■품   거

■복   ■류   간■   ■중독   ■소   이

3. 밑줄 친 단어에 맞는 한자를 고르십시오.

(1) 최근에는 공원이나 호수가 있는 <u>주</u>거(主 / 住) 환경을 선호한다.

(2) 사람들이 편의점에서 가장 많이 사는 물건은 <u>식</u>료품(飮 / 食)이다.

(3) 여름철에는 음식이 쉽게 상하기 때문에 <u>식</u>중독(食 / 式)을 조심해야 한다.

(4) 한국의 전통 <u>의</u>상(意 / 衣)은 한복이고 베트남의 전통 <u>의</u>상(意 / 衣)은 아오
자이이다.

사용하기

 한국의 의식주 문화는 어떻게 변해 왔을까요?

💬 다음 글을 읽고 답하십시오.

한국인의 의식주, 어떻게 변해 왔을까?

衣食住는 우리 생활에서 꼭 필요한 옷, ㉠음식, 집을 말하고 우리의 생활모습을 그대로 보여준다. 사회가 변화하고 외국과의 교류가 많아지면서 지금의 생활 모습은 옛날과 많이 달라졌다.

먼저, '의(衣)생활'을 살펴보자. 옛날에는 일상생활에서 남녀 모두 한복을 입었지만 남녀가 입는 옷이 서로 달랐다. 그러나 오늘날에는 바지, 셔츠, 재킷 등 ㉡서양식 옷을 주로 입으며 남녀 구분이 거의 없다. 다음은 '식(食)생활'을 살펴보자. 옛날에는 자연에서 쉽게 구할 수 있는 ㉢곡식과 채소를 주로 먹었지만 오늘날에는 햄버거, 피자, 스파게티 등의 ㉣가공식품과 즉석식품을 많이 먹는다. 마지막으로 '주(住)생활'을 살펴보자. 옛날에는 초가집이나 기와집 등의 한옥에서 살았지만 오늘날에는 많은 사람들이 아파트에서 살고 있다.

(1) 위의 글에서 '衣, 食, 住'에 해당하는 단어를 찾아서 쓰십시오.

　　衣:　　　　　　　食:　　　　　　　住:

(2) 위의 ㉠~㉣ 중 '食'이 쓰이지 않는 단어를 고르십시오.

　　① 음식　　　② 서양식　　　③ 곡식　　　④ 가공식품

(3) 과거와 현재의 의식주 생활 변화를 설명해 보십시오.

 여러분 나라의 과거 의식주 생활과 현대 의식주 생활은 어떻게 다른지 말해 보십시오.

💬 순서에 따라 써 봅시다.

衣	衣 衣 衣 衣 衣 衣
	衣
食	食 食 食 食 食 食
	食 食 食
住	住 住 住 住 住 住
	住

💬 오늘 배운 한자를 써 봅시다.

衣	衣	衣	衣			
食	食	食	食			
住	住	住	住			

6

직업(職業)

살펴보기

💬 어떤 일을 하는 사람들일까요?

💬 '직업'을 나타내는 단어를 말해 봅시다.

💬 보기 에서 같은 글자가 들어간 단어를 모아 봅시다.

보기

의사   취직   작가   직장   회사원   작곡가
화가   교사   퇴직   점원   간호사   승무원

● 공통으로 쓰인 글자는 무엇입니까?

● 그 글자의 뜻은 무엇입니까?

💬 한자의 음과 뜻을 알아봅시다.

한자		뜻	예
훈	음		
師		師는 어떤 분야에서 지식과 기술을 갖춘 사람을 말한다.	간호**사**, 강**사**, 교**사**, 목**사**, 미용**사**, 수의**사**, 약**사**, 요리**사**, 의**사**, 제빵**사**, 태권도 **사**범
스승	사		
교	사		
사	범		
家		家는 어떤 분야의 일을 전문적으로 하는 사람을 말한다.	기업**가**, 번역**가**, 사업**가**, 소설**가**, 음악**가**, 작곡**가**, 화**가**, 정치**가***
전문가	가		
화	가		
員		員은 주로 회사에 소속되어 일하는 사람을 말한다.	공무**원**, 상담**원**, 승무**원**, 안내**원**, 점**원**, 종업**원**, 직**원**, 환경미화**원**, 회사**원**, 판매**원***
인원	원		
회사	원		
職		職은 회사에서 맡은 일을 말한다.	사무**직**, **직**업, **직**장, 취**직**, 퇴**직**, 구**직***, 실**직***, 이**직***, 육아 휴**직****
일	직		
취	직		
직	장		

📌 직업을 나타내는 다른 한자도 알아볼까요?

사(士) 선비/벼슬 사	**관**(官) 벼슬 관
변호사, 정비사, 조종사, 회계사, 통역사, 운전기사, 사회복지사	감독관, 경찰관, 면접관, 소방관, 수사관, 외교관

※ '벼슬'은 지금의 공무원과 같은 말이에요.

1. 서로 관계가 있는 것을 연결하십시오.

(1) 월급을 받고 일을 하는 곳 • • 家 작가

(2) 아픈 동물을 치료하는 사람 • • 職 직장

(3) 소설, 드라마나 영화 대본과 같은 • • 員 공무원
글을 쓰는 사람

(4) 시청이나 구청과 같은 정부 기관에서 • • 師 수의사
직업적으로 일을 하는 사람

2. 공통으로 들어갈 한자의 번호를 쓰십시오.

보기

(1) 家   (2) 師   (3) 機   (4) 員   (5) 職

수의☐ 간호☐   화☐ 소설☐   ☐업 ☐장   공무☐ 승무☐
      미용☐   기업☐   취☐   백화점점☐
요리☐ 목☐   작곡☐ 번역☐   구☐ 퇴☐   회사☐ 자동차판매☐

3. 밑줄 친 단어에 맞는 한자를 고르십시오.

(1) 나는 커서 학생을 가르치는 교사(師 / 家)가 되고 싶다.

(2) 스티브 잡스는 애플 회사를 만든 미국의 기업가(家 / 員)이다.

(3) 비행기 승무원(食 / 員)은 승객들의 안전을 책임지는 사람이다.

(4) 일자리는 적은데 직업(依 / 職)을 구하는 사람이 늘고 있어서 취직이 어렵다.

사용하기

 최근 새롭게 생긴 직업에는 어떤 것들이 있을까요?

💬 다음 글을 읽고 답하십시오.

직업의 변화

　　과학 기술의 발전으로 사회가 빠르게 변화하면서 직업에 대한 사람들의 생각이 달라지고 있다. 예전에는 교사나 의사 등과 같이 '사'자가 들어가는 직업이 인기가 많았다. 그러나 최근에는 다문화사회전문가, 노인심리상담사, 프로게이머, 범죄과학수사관, 애견미용사 등 새로운 직업에 대한 선호도가 높아지고 있다.

　　또한 산업 구조가 복잡해지면서 업무가 세분화되고 있다. 그동안 단순히 전문가로 부르던 직업을 지금은 업무 분야에 따라 교육 전문가, 직업 전문가, 경제 전문가, 환경 전문가처럼 분야별 전문가로 부르고 있다.

(1) 위의 글에서 '직업'을 나타내는 단어를 찾아서 쓰십시오.

(2) 밑줄 친 글자의 뜻이 다른 것을 고르십시오.

① 상가　　　② 연구원　　　③ 의사　　　④ 전문가

(3) 요즘 사람들이 선호하는 직업은 무엇입니까?

 여러분이 하고 싶은 일을 말해 보십시오.

💬 순서에 따라 써 봅시다.

師	師	師	師	師	師	師
	師	師	師	師		
家	家	家	家	家	家	家
	家	家	家	家		
員	員	員	員	員	員	員
	員	員	員	員		
職	職	職	職	職	職	職
	職	職	職	職	職	職
	職	職	職	職	職	

💬 오늘 배운 한자를 써 봅시다.

師	師	師	師		
家	家	家	家		
員	員	員	員		
職	職	職	職		

보기 와 같이 밑줄 친 글자의 뜻으로 알맞은 것을 고르십시오.

보기 (①)

시<u>장</u>   정류<u>장</u>   운동<u>장</u>

① 장소   ② 시간   ③ 날짜   ④ 기계

1. (   )

<u>도</u>로   인<u>도</u>   차<u>도</u>

① 길   ② 눈   ③ 돈   ④ 힘

2. (   )

<u>주</u>소   <u>주</u>택   이<u>주</u>

① 물   ② 병   ③ 옷   ④ 집

3. (   )

사무<u>직</u>   <u>직</u>업   취<u>직</u>

① 년   ② 약   ③ 월   ④ 일

✏️ 보기 와 같이 밑줄 친 글자의 뜻이 다른 하나를 고르십시오.

보기 (②)

① <u>월</u>급   ② <u>월</u>남쌈   ③ <u>월</u>세   ④ <u>월</u>수입

4. (   )

① 고<u>통</u>   ② 교<u>통</u>   ③ <u>통</u>신   ④ <u>통</u>행

5. (   )

① <u>식</u>비   ② <u>식</u>사   ③ 음<u>식</u>   ④ 휴<u>식</u>

6. (   )

① 구<u>직</u>   ② 오<u>직</u>   ③ <u>직</u>원   ④ <u>직</u>장

✎ 보기 와 같이 밑줄 친 글자에 해당하는 한자를 고르십시오.

보기 (④)

작<u>년</u>   청소<u>년</u>   2022<u>년</u>

① 日   ② 一   ③ 月   ④ 年

7. (   )

고속<u>도</u>로   인<u>도</u>   차<u>도</u>

① 道   ② 路   ③ 移   ④ 通

8. (   )

거<u>주</u>   <u>주</u>민   <u>주</u>소

① 朱   ② 主   ③ 走   ④ 住

9. (   )

간호<u>사</u>   미용<u>사</u>   요리<u>사</u>

① 教   ② 師   ③ 習   ④ 識

✏️ 보기 와 같이 한자의 음을 쓰십시오.

> 보기
>
> 生日 : ___생일___ / 週末 : ___주말___

10. ① 교通 : _____ ② 移사 : _____

③ 횡단보道 : _____

11. ① 食중독 : _____ ② 전통 衣상 : _____

③ 住택 : _____

12. ① 교師 : _____ ② 음악家 : _____

③ 職업 : _____ ④ 회사員 : _____

✏️ 보기 와 같이 □ 안에 들어갈 한자를 고르십시오.

보기 (④)

휴대전화기는 현대인에게 꼭 필요한 필수□이다.

① 機　　　② 物　　　③ 勿　　　④ 品

13. (　　　)

통신료, 보험료는 은행에 가지 않고 자동 □체로 낼 수 있다.

① 道　　　② 李　　　③ 移　　　④ 通

14. (　　　)

길에 설치된 CCTV로 범인의 인상착□를 확인하였다.

① 食　　　② 衣　　　③ 依　　　④ 住

15. (　　　)

공무□ 시험을 보려는 사람이 매년 늘고 있다.

① 家　　　② 師　　　③ 員　　　④ 職

7

비용(費用)

💬 사람들은 뭐 하는 데 돈을 쓸까요?

💬 '비용'을 나타내는 단어를 말해 봅시다.

💬 보기 에서 같은 글자가 들어간 단어를 모아 봅시다.

보기
집세 학비 요금 전세 수수료 생활비
월세 예금 비용 무료 등록금 입장료

● 공통으로 쓰인 글자는 무엇입니까?

● 그 글자의 뜻은 무엇입니까?

💬 한자의 음과 뜻을 알아봅시다.

한자		뜻	예
훈	음		
費		費는 무엇을 하는 데 드는 돈을 말한다.	경비, 과소비, 교통비, 기숙사비, 비용, 생활비, 식비, 차비, 통신비, 학비, 회비
쓰다	비		
회	비		
비	용		
金		金은 돈을 뜻한다.	계약금, 금액, 등록금, 벌금, 보증금, 비상금, 세금, 예금, 장학금, 저금, 적금, 현금
돈	금		
장학	금		
금	액		
料		料는 사람들이 생활하면서 사용한 것에 대해 내는 돈을 말한다.	무료, 사용료, 수수료, 연체료, 요금, 유료, 입장료, 주차료, 통화료, 보험료*, 임대료**
헤아리다	료		
입장	료		
요	금		
貰		貰는 남의 건물이나 물건을 빌려서 쓰고 내는 돈을 말한다.	세입자, 월세, 전세, 전세 계약, 전세 보증금, 집세, 방세**, 월셋방**
빌리다	세		
월	세		
세	입자		

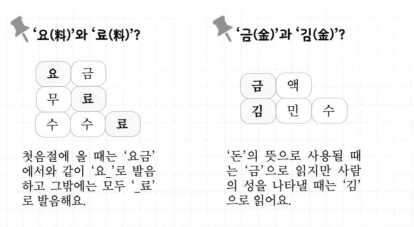

📌 '요(料)'와 '료(料)'?

요	금	
무	료	
수	수	료

첫음절에 올 때는 '요금'에서와 같이 '요_'로 발음하고 그밖에는 모두 '_료'로 발음해요.

📌 '금(金)'과 '김(金)'?

금	액	
김	민	수

'돈'의 뜻으로 사용될 때는 '금'으로 읽지만 사람의 성을 나타낼 때는 '김'으로 읽어요.

1. 서로 관계가 있는 것을 연결하십시오.

(1) 돈 •

(2) 건물을 빌려 쓰고 내는 돈 •

(3) 어떤 일을 하는 데 드는 돈 •

(4) 어떤 것을 사용하고 내는 돈 •

• 貰 월세, 전세, 집세

• 料 수수료, 요금, 유료

• 費 경비, 교통비, 비용

• 金 벌금, 저금, 현금 인출기

2. 공통으로 들어갈 한자의 번호를 쓰십시오.

보기

(1) 料   (2) 貰   (3) 食   (4) 金   (5) 費

☐용   생활☐   현☐   벌☐   ☐금   수수☐   집☐   월☐

       소☐   등록☐   통화☐   전☐

차☐   통신☐   장학☐   계약☐   무☐   연체☐   전계약☐   입자☐

3. 밑줄 친 단어에 맞는 한자를 고르십시오.

(1) 자동차를 고치는데 비용(費 / 金)이 얼마나 듭니까?

(2) 정해지지 않은 곳에 주차하면 벌금(金 / 食)이 나올 수 있다.

(3) 매년 집세(員 / 貰)가 올라서 집이 없는 사람들은 힘들어한다.

(4) 도서관에서 책을 빌렸는데 늦게 반납해서 연체료(料 / 貰)를 냈다.

사람들은 보통 어디에 돈을 쓸까요?

💬 다음 글을 읽고 답하십시오.

대학생활에 드는 비용

대학생활을 하려면 돈이 많이 필요하다. 가장 큰 부담이 되는 것은 학비이다. 학비는 공부를 하는 데 드는 돈으로 입학금, 등록금, 교재비 등을 말한다. 이 중에서 입학금은 대학에 입학할 때 한 번만 내면 되지만 입학금 이외의 나머지 비용은 졸업할 때까지 매학기 내야 한다.

학비 외에도 집이 먼 학생들은 기숙사비나 집세가 필요하다. 집세는 매달 월세로 낼 수도 있고 처음에 한꺼번에 돈을 지불하는 전세로 낼 수도 있다. 이밖에도 식비, 교통비, 통신비, 약값, 병원비 등의 비용이 든다. 그래서 많은 대학생들은 대학생활에 필요한 경비를 마련하기 위해서 아르바이트를 하기도 한다.

---

(1) 위의 글에서 '비용'을 나타내는 단어를 찾아서 쓰십시오.

(2) 다음 단어에서 밑줄 친 한자 사용이 잘못된 것을 고르십시오.

　　① 입학金　　　② 학費　　　③ 집貰　　　④ 교통料

(3) 월세와 전세는 어떻게 다른지 이야기해 보십시오.

🎤 **여러분이 생활하면서 쓰는 비용에 대해서 말해 보십시오.**

💬 순서에 따라 써 봅시다.

費	費	費	費	費	費	費
	費	費	費	費	費	費
金	金	金	金	金	金	金
	金	金				
料	料	料	料	料	料	料
	料	料	料	料		
貰	貰	貰	貰	貰	貰	貰
	貰	貰	貰	貰	貰	貰

💬 오늘 배운 한자를 써 봅시다.

費	費	費	費			
金	金	金	金			
料	料	料	料			
貰	貰	貰	貰			

날씨

살펴보기

이번 주 날씨는 어떨까요?

💬 '날씨'를 나타내는 단어를 말해 봅시다.

💬 보기 에서 같은 글자가 들어간 단어를 모아 봅시다.

보기

대기   풍력   제설   우산   강우량   적설량
폭설   기온   태풍   폭우   선풍기   일기 예보

● 공통으로 쓰인 글자는 무엇입니까?

● 그 글자의 뜻은 무엇입니까?

💬 한자의 음과 뜻을 알아봅시다.

한자		뜻	예
훈	음		
氣 기운 기 공 기 기 온		氣는 공기의 움직임이나 기운을 말한다.	공기, 기상청, 기온, 기후, 냉기, 대기, 열기, 온기, 일기 예보, 기류**
雨 비 우 폭 우 우 산		雨는 비를 뜻한다.	강우량, 우기, 우박, 우비, 우산, 폭우, 호우, 호우 주의보, 호우 피해, 기우제**, 측우기**
雪 눈 설 폭 설 설 경		雪은 눈을 뜻한다.	대설, 대설 경보, 만년설, 설경, 설로, 설원, 적설량, 제설, 폭설, 폭설 주의보, 설상가상**, 엄동설한**
風 바람 풍 태 풍 풍 력		風은 바람을 뜻한다.	강풍, 냉풍, 미풍, 선풍기, 약풍, 온풍, 태풍, 폭풍, 폭풍우, 풍선, 풍력, 풍차, 풍향

📌 '雨'와 '비', '雪'과 '눈'. 한자어와 고유어는 어떻게 사용할까요?

우(雨)	강우량(降雨量) 우비(雨備)를 입다 우산(雨傘)을 쓰다 폭우(暴雨)가 내리다	봄비, 이슬비 비가 오다(↔그치다) 비를 맞다(↔피하다) 비가 쏟아지다	비
설(雪)	설원(雪原), 설경(雪景) 제설(除雪)하다 폭설(暴雪)이 내리다	함박눈, 진눈깨비 눈꽃이 피다 눈이 쌓이다	눈

1. 서로 관계가 있는 것을 연결하십시오.

(1) 눈 •   • 風 태풍, 풍력, 풍선

(2) 비 •   • 雪 설경, 제설, 폭설

(3) 바람 •   • 雨 강우량, 우산, 폭우

(4) 공기의 기운 •   • 氣 기후, 대기, 일기 예보

2. 공통으로 들어갈 한자의 번호를 쓰십시오.

> **보기**
>
> (1) 雨   (2) 風   (3) 雪   (4) 氣   (5) 食

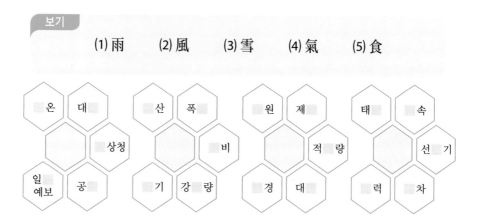

3. 밑줄 친 단어에 맞는 한자를 고르십시오.

(1) 일기 예보에 따르면 다음 주에 강력한 태풍(氣 / 風)이 온다고 한다.

(2) 어젯밤에 갑자기 많은 눈이 내려서 폭설(雨 / 雪) 피해가 발생한 곳이 많았다.

(3) 기상청에서는 이번 태풍이 불안정한 대기(氣 / 金) 때문에 발생한 것이라고
    발표하였다.

(4) 오늘 새벽에 200mm 이상의 폭우(雨 / 雪)가 내려서 지하 주차장의 차들이
    모두 빗물에 잠겼다.

일기 예보를 통해서 어떤 정보를 얻을 수 있을까요?

다음 글을 읽고 답하십시오.

일기 예보

우리는 매일 신문 ㉠기사나 TV뉴스를 통해서 날씨에 대한 정보를 얻는다. ㉡일기 예보는 ㉢기상청에서 기상의 변화를 예측해서 미리 알려 주는 것이다. 우리는 일기 예보로 ㉣기온과 날씨, 비나 눈이 내릴 강수 확률, 풍향과 풍속 등에 대한 정보를 얻을 수 있다. 이러한 날씨 정보는 농사를 짓거나 배를 운항하는 데 활용할 수 있다.

또한 일상생활에서 여행이나 휴가 등의 계획을 세울 때도 도움이 된다. 그리고 태풍이나 폭우, 폭설 등의 자연 피해에 대비할 수 있게 해 준다.

(1) 위의 글에서 '날씨'를 나타내는 단어를 찾아서 쓰십시오.

(2) 위의 ㉠~㉣의 '기'를 한자 '氣'로 바꾸어 쓸 수 없는 것을 고르십시오.

　① 기사　　　　② 일기 예보　　　　③ 기상청　　　　④ 기온

(3) 일기 예보는 우리 생활에 어떠한 도움을 줍니까?

　　일기 예보를 확인하지 않아서 불편했던 경험을 이야기해 보십시오.

💬 순서에 따라 써 봅시다.

氣	氣 氣 氣 氣 氣 氣 氣 氣 氣 氣
雨	雨 雨 雨 雨 雨 雨 雨 雨
雪	雪 雪 雪 雪 雪 雪 雪 雪 雪 雪 雪
風	風 風 風 風 風 風 風 風 風

💬 오늘 배운 한자를 써 봅시다.

氣	氣	氣	氣			
雨	雨	雨	雨			
雪	雪	雪	雪			
風	風	風	風			

9

학업(學業)

살펴보기

💬 여기는 어디일까요?

'학업'을 나타내는 단어를 말해 봅시다.

- -

보기 에서 같은 글자가 들어간 단어를 모아 봅시다.

보기

예습   교육   휴학   학습   인식   교재
학기   상식   지식   복습   교수   유학생

● 공통으로 쓰인 글자는 무엇입니까?

- -

● 그 글자의 뜻은 무엇입니까?

- -

💬 한자의 음과 뜻을 알아봅시다.

한자		뜻	예
훈	음		
學 배우다 학 유 학 학 업		學은 배우고 공부한다는 뜻이다.	견학, 방학, 유학, 입학, 재학, 진학, 학기, 학문, 학업, 휴학
教 가르치다 교 종 교 교 사		敎는 가르친다는 뜻이다. '학(學)'과 '교(敎)'는 반대말이다.	공교육, 교과서, 교사, 교수, 교실, 교양, 교육, 교재, 교훈, 종교, 사교육*
習 익히다 습 연 습 습 득		習은 배우고 자주 경험하여 익힌다는 말이다.	강습, 복습, 습관, 실습, 연습, 예습, 자습, 풍습, 학습, 관습*, 습득*
識 안다 식 지 식		識은 아는 것을 말한다.	상식, 인식, 의식, 지식, 무식*, 감식**, 박식**, 식견**, 유식**, 학식**

📌 같은 소리이지만 뜻이 다른 한자를 알아볼까요?

교

教 가르치다	校 학교(장소)
교사(教師)	교내(校內)
교양(教養)	교복(校服)
교육(教育)	교장(校長)
교과서(教科書)	학교(學校)

식

識 알다	食 먹다
무식(無識)	과식(過食)
상식(常識)	식당(食堂)
지식(知識)	식사(食事)
학식(學識)	음식(飮食)

1. 서로 관계가 있는 것을 연결하십시오.

(1) 배우고 공부하다 • • 識 상식, 인식, 지식

(2) 듣고 배워서 알다 • • 敎 교수, 교육, 교재

(3) 지식과 기술을 가르치다 • • 習 복습, 예습, 학습

(4) 배우고 자주 경험하여 익히다 • • 學 학생, 학습, 학업

2. 공통으로 들어갈 한자의 번호를 쓰십시오.

보기

(1) 氣   (2) 習   (3) 識   (4) 學   (5) 敎

3. 밑줄 친 단어에 맞는 한자를 고르십시오.

(1) 외국어 학습(習 / 品)을 위한 적절한 시기가 언제라고 생각합니까?

(2) 그는 건강이 나빠져서 한 학기 동안 휴학(學 / 敎)을 하고 쉬기로 했다.

(3) 대학교 1학년 때에는 전공과목보다 교양(敎 / 識)과목을 더 많이 수강한다.

(4) 알파고처럼 사람의 지능을 가진 인공지능 프로그램이 개발되면서 인공지능
에 대한 사람들의 인식(食 / 識)이 바뀌고 있다.

사람들이 공부하는 이유는 무엇일까요?

💬 다음 글을 읽고 답하십시오.

교육에 대한 인식의 변화

　예전에는 일정한 나이가 되면 학교에 입학하여 공부하였지만, 최근에는 나이에 상관없이 자기 계발을 위해서 ㉠배움을 이어가는 사람들이 늘고 있다. 이와 같이 교육에 대한 사람들의 생각이 달라진 이유는 무엇일까?

　첫 번째 이유는 사회의 변화와 과학 기술의 발전이다. 사회가 변화하면서 우리의 삶에 필요한 새로운 지식이 늘어났고, 전자통신과 같은 과학 기술의 발전으로 언제 어디서나 원하는 시간에 온라인 교육을 받을 수 있기 때문이다.

　두 번째 이유는 사람들의 길어진 평균 수명이다. 수명이 길어지면서 사회 참여의 기회가 많아졌고 이를 위해 새로운 지식과 기술의 습득이 필요하게 되었기 때문이다.

---

(1) 위의 글에서 '학업'을 나타내는 단어를 찾아서 쓰십시오.

(2) 위의 ㉠배움의 뜻을 가진 한자를 고르십시오..

　① 敎　　　　② 習　　　　③ 識　　　　④ 學

(3) 교육에 대한 사람들의 생각이 달라진 이유를 이야기해 보십시오

 　앞으로 배우고 싶은 것에 대해서 이야기해 보십시오.

더 배우기

💬 순서에 따라 써 봅시다.

學	學	學	學	學	學	學
	學	學	學	學	學	學
	學	學				
教	敎	敎	敎	敎	敎	敎
	敎	敎	敎	敎	敎	
習	習	習	習	習	習	習
	習	習	習	習		
識	識	識	識	識	識	識
	識	識	識	識	識	識
	識	識	識	識	識	識

💬 오늘 배운 한자를 써 봅시다.

學	學	學	學			
教	敎	敎	敎			
習	習	習	習			
識	識	識	識			

✎ 보기 와 같이 밑줄 친 글자의 뜻으로 알맞은 것을 고르십시오.

보기 (①)

시<u>장</u>   정류<u>장</u>   운동<u>장</u>

① 장소   ② 시간   ③ 날짜   ④ 기계

---

1. (   )

사용<u>료</u>   연체<u>료</u>   입장<u>료</u>

① 기계   ② 물건   ③ 비용   ④ 직업

2. (   )

<u>기</u>상청   <u>기</u>후   일<u>기</u>예보

① 기록   ② 날씨   ③ 수입   ④ 시간

3. (   )

<u>교</u>과서   <u>교</u>사   <u>교</u>육

① 가르치다   ② 배우다   ③ 연습하다   ④ 일하다

✏️ 보기 와 같이 밑줄 친 글자의 뜻이 다른 하나를 고르십시오.

보기 (②)

① <u>월</u>급   ② <u>월</u>남쌈   ③ <u>월</u>세   ④ <u>월</u>수입

4. (   )

① <u>금</u>연   ② <u>금</u>액   ③ 등록<u>금</u>   ④ 현<u>금</u>

5. (   )

① 강<u>우</u>량   ② <u>우</u>리   ③ <u>우</u>산   ④ 폭<u>우</u>

6. (   )

① 상<u>식</u>   ② 유<u>식</u>   ③ 음<u>식</u>   ④ 지<u>식</u>

✏️ 보기 와 같이 밑줄 친 글자에 해당하는 한자를 고르십시오.

보기 (④)

작년 청소년 2022년

① 日　　　② 一　　　③ 月　　　④ 年

7. (　　　)

교통비 생활비 소비

① 金　　　② 料　　　③ 費　　　④ 貰

8. (　　　)

선풍기 태풍 폭풍

① 氣　　　② 雪　　　③ 雨　　　④ 風

9. (　　　)

방학 유학 학생

① 敎　　　② 習　　　③ 識　　　④ 學

✏️ 보기 와 같이 한자의 음을 쓰십시오.

보기

生日 : _생일_ / 週말 : _주말_

10. ① 소費자 : _____ ② 수수料 : _____

③ 월貰 : _____ ④ 저金 : _____

11. ① 강風 : _____ ② 氣후 : _____

③ 제雪 : _____ ④ 폭雨 : _____

12. ① 敎육하다 : _____ ② 연習하다 : _____

③ 유學생 : _____ ④ 지識 : _____

✎ 보기 와 같이 □ 안에 들어갈 한자를 고르십시오.

> 보기 (④)
>
> 휴대전화기는 현대인에게 꼭 필요한 필수□이다.
>
> ① 機 　　　 ② 物 　　　 ③ 勿 　　　 ④ 品

13. (　　)

> 서울은 집□가 비싸서 집을 얻기가 어렵다.
>
> ① 金 　　　 ② 料 　　　 ③ 費 　　　 ④ 貰

14. (　　)

> 지난밤에 내린 폭□ 때문에 길이 얼어서 매우 미끄럽다.
>
> ① 氣 　　　 ② 雪 　　　 ③ 雨 　　　 ④ 風

15. (　　)

> 민수는 다음 달에 열리는 피아노 대회 때문에
> 매일 3시간씩 연□을 한다.
>
> ① 學 　　　 ② 習 　　　 ③ 識 　　　 ④ 識

10

병(病)

💬 사람들은 아플 때 어떻게 할까요?

💬 '병'을 나타내는 단어를 말해 봅시다.

💬 보기 에서 같은 글자가 들어간 단어를 모아 봅시다.

보기

약품 두통 증상 고통 병문안 성인병
통증 약국 병원 소독약 진통제 불면증

● 공통으로 쓰인 글자는 무엇입니까?

● 그 글자의 뜻은 무엇입니까?

💬 한자의 음과 뜻을 알아봅시다.

한자		뜻	예
훈	음		
病		病은 몸이나 마음에 생긴 문제를 말한다.	냉방병, 눈병, 문병, 병들다, 병문안, 병실, 병원, 성인병, 질병, 향수병
병	병		
눈	병		
병	원		
痛		痛은 아픈 느낌을 말한다.	고통, 두통, 두통약, 복통, 진통, 진통제, 치통, 통증, 생리통*, 신경통*, 편두통*
아프다	통		
두	통		
통	증		
症		症은 몸이 아플 때 나타나는 상태를 말한다.	갈증, 우울증, 증상, 증세, 통증, 건망증*, 불면증*, 염증**, 중증**, 현기증**, 후유증**
증세	증		
통	증		
증	상		
藥		藥은 병을 예방하거나 치료하기 위해 만든 제품을 말한다.	두통약, 물약, 소독약, 안약, 약국, 약사, 약물, 약품, 제약, 치약, 한약
약	약		
치	약		
약	사		

📌 병(病)과 관련된 다른 말을 알아볼까요?

病 (병)	疾病 (질병)	症狀 (증상)	症勢 (증세)
병에 걸리다 병이 낫다 병이 들다	질병을 관리하다 질병에 시달리다 질병을 예방하다	증상이 나타나다 증상이 심하다 증상이 있다	증세를 보이다 증세가 악화되다 증세가 호전되다

1. 서로 관계가 있는 것을 연결하십시오.

(1) 몸이나 마음이 아파서 생긴 문제 ・

(2) 몸이 아플 때 먹거나 넣거나 바르는 것 ・

(3) 몸이 아플 때 나타나는 여러 가지 상태 ・

(4) 몸이나 마음이 아파서 느끼는 괴로움 ・

・ 痛 고통, 두통, 통증

・ 病 문병, 병원, 향수병

・ 症 불면증, 증상, 증세

・ 藥 감기약, 두통약, 안약

2. 공통으로 들어갈 한자의 번호를 쓰십시오.

보기

(1) 藥   (2) 學   (3) 症   (4) 病   (5) 痛

실 / 질 / 들다 / 성인 / 문

사 / 국 / 소독 / 두통 / 물

치 / 두 / 복 / 진 / 제 / 고

염 / 통 / 불면 / 우울 / 감기 세

3. 밑줄 친 단어에 맞는 한자를 고르십시오.

(1) 감기<u>약</u>(藥 / 學)은 하루에 3번, 식사 30분 후에 먹어야 한다.

(2) 감기에 걸리면 기침, 콧물, 발열, 몸살 등의 <u>증</u>상(痛 / 症)이 나타난다.

(3) 스마트폰을 오래 사용해서 목에 <u>통</u>증(通 / 痛)을 느끼는 사람들이 많다.

(4) 나는 원인을 알 수 없는 두통 때문에 <u>병</u>원(病 / 痛)에서 치료를 받고 있다.

사용하기

? **현대인의 질병에는 무엇이 있을까요?**

💬 다음 글을 읽고 답하십시오.

현대인의 질병

많은 현대인은 햄버거나 라면과 같은 즉석식품을 즐긴다. 이러한 음식들은 열량이 높아서 여러 가지 성인병을 일으킬 수 있다. 또한 자동차와 공장에서 나오는 매연으로 공기가 매우 나빠졌다. 이와 같이 우리가 먹는 음식과 우리가 사는 환경 때문에 예전과는 다른 종류의 병들이 생겨났다. 열량이 높은 음식은 ㉠당뇨□이나 ㉡심장□ 등의 ㉢성인□을 일으킬 수 있고, 매연으로 나빠진 환경은 코와 목의 통증을 일으킬 수 있다.

최근에는 이러한 신체적인 병뿐만 아니라 정신적인 병으로 힘들어하는 사람들도 있다. 특히 우울증은 사회적인 문제가 되고 있는데, 우울증은 현대인들이 일상생활에서 느끼는 피로와 스트레스 때문이라고 한다.

---

(1) 위의 글에서 '병'을 나타내는 단어를 찾아서 쓰십시오.

(2) 위 ㉠~㉢의 빈칸에 들어갈 한자로 알맞은 것을 고르십시오.

① 症   ② 痛   ③ 病   ④ 藥

(3) 최근 정신적인 병이 많아진 이유를 말해 보십시오.

  최근 유행하는 질병에 대해서 이야기해 보십시오.

더 배우기

순서에 따라 써 봅시다.

病	病	病	病	病	病	病
	病	病	病	病		
痛	痛	痛	痛	痛	痛	痛
	痛	痛	痛	痛	痛	痛
症	症	症	症	症	症	症
	症	症	症			
藥	藥	藥	藥	藥	藥	藥
	藥	藥	藥	藥	藥	藥
	藥	藥	藥	藥	藥	藥

오늘 배운 한자를 써 봅시다.

病	病	病	病			
痛	痛	痛	痛			
症	症	症	症			
藥	藥	藥	藥			

10. 병 93

11

취미(趣味)

💬 사람들은 시간을 어떻게 보낼까요?

💬 '취미'를 나타내는 단어를 말해 봅시다.

💬 보기 에서 같은 글자가 들어간 단어를 모아 봅시다.

보기

관광   운동   작업   회사   관람   송별회
이동   작품   관심   감동   작곡   연주회

● 공통으로 쓰인 글자는 무엇입니까?

● 그 글자의 뜻은 무엇입니까?

💬 한자의 음과 뜻을 알아봅시다.

한자		뜻	예
훈	음		
觀		觀은 보는 것이다.	가치**관**, **관**객, **관**광, **관**광객, **관**광지, **관**람, **관**람석, **관**점, **관**찰, 주**관**, 낙**관***, **관**념**, **관**측**
보다	관		
가치	관		
관	심		
動		動은 움직이는 것이다.	감**동**, 노**동**자, **동**영상, **동**작, 부**동**산, 운**동**, 운**동**화, 이**동**, 자**동**차, 행**동**, 활**동**
움직이다	동		
운	동		
동	영상		
會		會는 모이는 것이다.	대**회**, **동**창**회**, 동호**회**, 송별**회**, 연주**회**, 음악**회**, 전시**회**, 환영**회**, **회**비, **회**사, **회**식, **회**원, **회**의, **회**의실
모이다	회		
전시	회		
회	사		
作		作은 만드는 것이다.	대표**작**, **작**곡, **작**곡가, **작**동, **작**문, **작**성, **작**업, **작**용, **작**전, **작**품, 제**작**
만들다	작		
제	품		
작	곡		

📌 같은 소리이지만 뜻이 다른 한자를 알아볼까요?

東 (동쪽)	동	同 (같다)	館 (집)	관	觀 (보다)
동쪽(東쪽)		동기(同期)	도서관(圖書館)		관광(觀光)
동해(東海)		동료(同僚)	미술관(美術館)		관람(觀覽)
동대문(東大門)		동일(同一)	박물관(博物館)		가치관(價値觀)

1. 서로 관계가 있는 것을 연결하십시오.

(1) 보고 살피다 •

(2) 몸을 움직이다 •

(3) 사람들이 모이다 •

(4) 글이나 작품을 만들다 •

• 會 회사, 회의, 회원

• 動 동작, 행동, 활동

• 作 작곡, 작성, 제작

• 觀 관광, 관람, 관찰

2. 공통으로 들어갈 한자의 번호를 쓰십시오.

보기

(1) 作　(2) 痛　(3) 會　(4) 觀　(5) 動

| ▨객 | ▨광 |
| ▨심 |
| ▨찰 | ▨람 |

▨작	활▨
	▨물
운▨	▨영상

동호▨	▨식
	연주▨
▨사	전시▨

▨곡	▨동
	▨품
▨성	▨제

3. 밑줄 친 단어에 맞는 한자를 고르십시오.

(1) 이 물건은 직접 제작(年 / 作)한 것이라서 매우 섬세하고 튼튼하다.

(2) 의사는 건강을 위해서 일주일에 3일 이상 운동(動 / 會)을 하라고 한다.

(3) 이 영화는 공포물이므로 심장이 약한 분이나 노약자는 관람(觀 / 動)을 하지
마십시오.

(4) 동생은 취미로 그림을 그리기 시작했는데 이제는 전시회(會 / 食)를 여는 화
가가 되었다.

? 사람들은 어떤 '취미' 활동을 할까요?

💬 다음 글을 읽고 답하십시오.

일과 생활의 균형

'워라밸(Work-life balance)'은 일과 생활의 균형을 이룬다는 뜻이다. 요즘 직장에 다니는 젊은 ㉠□사원들은 회사의 일뿐만 아니라 여가 생활도 매우 중요하게 생각한다. 그래서 그들은 퇴근 후, 취미 생활을 즐기기 위해서 ㉡동호□를 찾는다. '자전거타기, 등산, 축구' 등과 같이 땀을 흘리며 운동하는 동호회에 가입하기도 하고, '기타, 드럼, 색소폰' 등과 같은 악기를 연주하는 동호회에 가입하기도 한다.

나아가 자신의 취미를 발전시켜서 운동 경기 ㉢대□에 나가거나 ㉣연주□를 여는 등 전문성을 갖추기도 한다. 이와 같이 일과 취미 생활의 조화는 업무 능력을 향상시키고 우리 생활에 안정과 즐거움을 준다.

(1) 위의 글에서 '취미'를 나타내는 단어를 찾아서 쓰십시오.

(2) 위의 ㉠~㉣에 공통으로 들어가는 한자를 고르십시오.

① 觀 　　　　② 動 　　　　③ 會 　　　　④ 作

(3) '워라밸'의 뜻과 예를 이야기해 보십시오.

 여러분이 해 보고 싶은 취미 활동을 말해 보십시오.

💬 순서에 따라 써 봅시다.

觀	觀	觀	觀	觀	觀	觀
	觀	觀	觀	觀	觀	觀
	觀	觀	觀	觀	觀	觀
	觀	觀	觀	觀	觀	觀
動	動	動	動	動	動	動
	動	動	動	動	動	
會	會	會	會	會	會	會
	會	會	會	會	會	會
	會					
作	作	作	作	作	作	作
	作					

💬 오늘 배운 한자를 써 봅시다.

觀	觀	觀	觀			
動	動	動	動			
會	會	會	會			
作	作	作	作			

부정(否定)

살펴보기

💬 아래의 그림은 언제 사용할까요?

💬 '부정'을 나타내는 글자를 말해 봅시다.

💬 보기 에서 같은 글자가 들어간 단어를 모아 봅시다.

> 보기
>
> 미혼 무조건 비싸다 불친절 비정상 불가능
> 무료 미성년 부동산 무관심 부정확 미완성

● 공통으로 쓰인 글자는 무엇입니까?

● 그 글자의 뜻은 무엇입니까?

💬 한자의 음과 뜻을 알아봅시다.

한자		뜻	예
훈	음		
不 아니다	불/부	不는 '아니다'라는 뜻이다. 'ㄷ, ㅈ' 앞에서 '부'로 읽는다.	부동산, 부작용, 부정확, 부족, 불가능, 불규칙, 불이익, 불친절, 불편, 불필요
부 동산 불 합격			
無 없다	무	無는 '없다'라는 뜻이다.	무감각, 무관심, 무료, 무소식, 무식, 무응답, 무의미, 무조건, 무책임, 무해, 무인도*, 무사고**
무 사고			
非 아니다	비	非는 '아니다'나 '~지 않다'라는 뜻이다.	비공개, 비공식, 비상식, 비소설, 비싸다, 비인간적, 비전문가, 비정상, 비폭력*, 비무장**
비 싸다			
未 아니다	미	未는 '아니다'나 '~지 않다'라는 뜻이다.	미만, 미발급, 미성년, 미제출, 미지급, 미혼, 미확인, 미성숙*, 미달**, 미완성**
미 완성			

📌 '부가능'일까요? '불가능'일까요?

'不'은 뒤에 오는 말의 첫소리가 'ㄷ, ㅈ'로 시작될 때는 '부도덕'과 '부작용'처럼 '부'로 읽어요. 뒤에 오는 말의 첫소리가 'ㄷ, ㅈ'가 아닌 자음으로 시작될 때는 '불가능'과 '불만족'처럼 '불'로 읽어요.

1. 서로 관계가 있는 것을 연결하십시오.

(1) 전문가가 아닌 사람 • • 非 비전문가

(2) 조건이나 관심이 없음 • • 不 불가능, 부정확

(3) 가능성이나 정확성이 없음 • • 未 미지급, 미확인

(4) 확인이나 지급을 하지 않음 • • 無 무관심, 무조건

2. 공통으로 들어갈 한자의 번호를 쓰십시오.

보기

(1) 無　(2) 未　(3) 不　(4) 作　(5) 非

3. 밑줄 친 단어에 맞는 한자를 고르십시오.

(1) 철수는 아침에 일어나는 시간이 불규칙(不 / 未)하다.

(2) 서울 시내에 갑작스러운 폭우가 내려 비상(作 / 非)이 걸렸다.

(3) 우리 아버지는 20년 동안 사고가 없는 무사고(無 / 非) 택시 운전기사이다.

(4) 미완성(年 / 未)교향곡은 음악가들이 살아있는 동안 완성하지 못한 음악이다.

미성년자가 할 수 없는 것은 무엇일까요?

💬 다음 글을 읽고 답하십시오.

미성년자가 할 수 없는 것

한국에서는 미성년자에게 해가 되는 것들을 금지하여 그들이 건강하고 올바르게 성장할 수 있도록 법으로 정하고 있다. 밤 10시부터 오전 9시까지 PC방이나 찜질방 출입이 ㉠□가능하며 담배와 술도 살 수 없다. 만약 ㉡□성년자에게 담배나 술을 판매하면 벌금을 내야 한다.

이외에도 만 18세 이하의 미성년자들은 자동차 운전면허를 취득할 수 없고 부모의 허락 없이 결혼도 할 수 없다. 그리고 미성년자는 군대에도 지원할 수 없다. 한국에서는 미성년자를 보호하기 위해 이런 일들을 하지 못하게 법으로 정하고 있다.

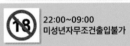

22:00~09:00
미성년자무조건출입불가

---

(1) 위의 글에서 '부정'을 나타내는 단어를 찾아서 쓰십시오.

(2) 위의 ㉠과 ㉡에 들어갈 알맞은 한자를 고르십시오.

   ①不, 未　　　②無, 未　　　③不, 非　　　④無, 非

(3) 미성년자가 할 수 없는 일을 법으로 정해 놓은 이유를 이야기해 보십시오.

 여러분 나라에서 미성년자가 할 수 없는 일을 말해 보십시오.

💬 순서에 따라 써 봅시다.

不	不	不	不	不		
無	無	無	無	無	無	無
	無	無	無	無	無	無
非	非	非	非	非	非	非
	非	非				
未	未	未	未	未	未	

💬 오늘 배운 한자를 써 봅시다.

不	不	不	不			
無	無	無	無			
非	非	非	非			
未	未	未	未			

✎ 보기 와 같이 밑줄 친 글자의 뜻으로 알맞은 것을 고르십시오.

보기 (①)

시<u>장</u>   정류<u>장</u>   운동<u>장</u>

① 장소   ② 시간   ③ 날짜   ④ 기계

1. (   )

고<u>통</u>   두<u>통</u>   진<u>통</u>

① 느끼다   ② 모이다   ③ 배우다   ④ 아프다

2. (   )

운<u>동</u>   이<u>동</u>   행<u>동</u>

① 나타나다   ② 대신하다   ③ 움직이다   ④ 이해하다

3. (   )

<u>비</u>공식   <u>비</u>상식   <u>비</u>정상

① 다니다   ② 바르다   ③ 아니다   ④ 정하다

✏️ 보기 와 같이 밑줄 친 글자의 뜻이 <u>다른</u> 하나를 고르십시오.

보기 (②)

① <u>월</u>급　　　② <u>월</u>남쌈　　　③ <u>월</u>세　　　④ <u>월</u>수입

4. (　　　)

① 건망<u>증</u>　　　② 우울<u>증</u>　　　③ 불면<u>증</u>　　　④ 학생<u>증</u>

5. (　　　)

① <u>작</u>년　　　② <u>작</u>동　　　③ <u>작</u>성　　　④ <u>작</u>업

6. (　　　)

① <u>무</u>관심　　　② <u>무</u>지개　　　③ <u>무</u>조건　　　④ <u>무</u>책임

✎ 보기 와 같이 밑줄 친 글자에 해당하는 한자를 고르십시오.

보기 (④   )

작<u>년</u>   청소<u>년</u>   2020<u>년</u>

①日   ②一   ③月   ④年

7. (   )

문<u>병</u>   <u>병</u>원   <u>병</u>실

①病   ②症   ③藥   ④痛

8. (   )

동호<u>회</u>   음악<u>회</u>   전시<u>회</u>

①觀   ②動   ③作   ④會

9. (   )

<u>부</u>작용   <u>불</u>가능   <u>불</u>친절

①無   ②未   ③不   ④非

✎ 보기 와 같이 한자의 음을 쓰십시오.

보기

생日 : <u>생일</u> / 週말 : <u>주말</u>

10. ① 눈病 : _____ ② 無료 : _____

③ 作곡 : _____ ④ 활動 : _____

11. ① 觀광 : _____ ② 未성년 : _____

③ 藥국 : _____ ④ 會의실 : _____

12. ① 대표作 : _____ ② 非소설 : _____

③ 不필요 : _____ ④ 진痛제 : _____

✎ 보기 와 같이 □ 안에 들어갈 한자를 고르십시오.

보기 (④)

휴대전화기는 현대인에게 꼭 필요한 필수□이다.

① 機   ② 物   ③ 勿   ④ 品

13. ( )

감기□은 하루에 3번 식후 30분에 먹어야 한다.

① 病   ② 藥   ③ 症   ④ 痛

14. ( )

오늘 저녁에 신입생 환영□가 있으니까 모두 참석해 주세요.

① 觀   ② 動   ③ 作   ④ 會

15. ( )

학생들은 학교식당의 음식이 맛이 없다고 □평을 한다.

① 無   ② 未   ③ 不   ④ 非

1. 시간(時間)

연습하기

1. (1) 月 (2) 日 (3) 年 (4) 週

2. (4) 日 (5) 週 (3) 月 (1) 年

3. (1) 年, 月 (2) 日 (3) 年 (4) 月, 週

사용하기

(1) 수천 년, 년, 월, 일, 시간, 주, 일, 시, 분, 초, 해, 연말, 1년 등

(2) ② 월드컵

(3) 사람들이 가장 중요하게 생각하는 시간은 '년'이다.

2. 물건(物件)

연습하기

1. (1) 機 (2) 物 (3) 品

2. (1) 機 (3) 物 (4) 品

3. (1) 機 (2) 品 (3) 物

사용하기

(1) 휴대전화기, 필수품, 슈퍼컴퓨터, 사진기, 계산기, 녹음기, 기계 등

(2) ① 機

(3) 통화 기능, SNS, 쇼핑, 은행 업무, 온라인 수강, 사진기, 계산기, 녹음기 등

3. 장소(場所)

연습하기

1. (1) 場 (2) 室 (3) 院 (4) 所

2. (5) 場 (4) 室 (2) 所 (1) 院

3. (1) 所 (2) 場 (3) 院 (4) 室

사용하기

(1) 휴양지, 해수욕장, 캠핑장, 극장, 놀이공원, 야구장 등

(2) ② 반장

(3) 사람들은 주로 휴양지, 해수욕장, 캠핑장, 극장, 놀이공원, 야구장 등에서 휴가를 보낸다.

확인하기 1

1. ② 물건

2. ③ 시간

3. ④ 장소

4. ③ 주변

5. ③ 인품

6. ① 미소

7. ① 機

8. ③ 日

9. ② 院

10. ① 매주 ② 사진기 ③ 작년 ④ 식료품

11. ① 일정 ② 월급 ③ 교실 ④ 장소

12. ① 불량품 ② 회의실 ③ 연소득 ④ 매표소

13. ① 年

14. ② 物

15. ④ 場

4. 이동(移動)

연습하기

1. (1) 道 (2) 通 (3) 移

2. (2) 移 (5) 通 (3) 道

3. (1) 道 (2) 移 (3) 通 (4) 移

사용하기

(1) 길, 도로, 이사, 옮기다, 다니다, 산길, 눈길, 오솔길, 올레길, 인도, 차도, 횡단보도 등

(2) ③ 이사

(3) 길은 사람들이 자주 다녀서 자연스럽게 생긴 것이고 도로는 목적을 가지고 계획해서 만든 것이다.

5. 의식주(衣食住)

연습하기

1. (1) 衣 (2) 住 (3) 食

2. (3) 衣 (4) 食 (1) 住

3. (1) 住 (2) 食 (3) 食 (4) 衣, 衣

사용하기

(1) 衣 : 옷, 한복, 바지, 셔츠, 재킷

　　食 : 음식, 곡식, 채소, 햄버거, 피자, 스파게티, 가공식품, 즉석식품

　　住 : 집, 초가집, 기와집, 한옥, 아파트

(2) ② 서양식

(3) 과거에는 남녀가 서로 다른 한복을 입었지만 현재는 남녀 모두 서양식의 옷을 입는다. 과거에는 곡식과 채소를 먹었지만 현재는 가공식품과 즉석식품을 많이 먹는다. 과거에는 주로 한옥에서 살았지만 현재는 대부분 아파트에 산다.

6. 직업(職業)

연습하기

1. (1) 職 (2) 師 (3) 家 (4) 員

2. (2) 師 (1) 家 (5) 職 (4) 員

3. (1) 師 (2) 家 (3) 員 (4) 職

사용하기

(1) 교사, 의사, 다문화사회전문가, 노인심리상담사, 프로게이머, 범죄과학수사관, 애견미용사, 교육 전문가, 직업 전문가, 경제 전문가, 환경 전문가 등

(2) ① 상가

(3) 다문화사회전문가, 노인심리상담사, 프로게이머, 범죄과학수사관, 애견미용사

확인하기 2

1. ① 길

2. ④ 집

3. ④ 일

4. ① 고통

5. ④ 휴식

6. ② 오직

7. ① 道

8. ④ 住

9. ② 師

10. ① 교통 ② 이사 ③ 횡단보도

11. ① 식중독 ② 전통의상 ③ 주택

12. ① 교사 ② 음악가 ③ 직업 ④ 회사원

13. ③ 移

14. ② 衣

15. ③ 員

7. 비용(費用)

연습하기

1. (1) 金 (2) 貰 (3) 費 (4) 料

2. (5) 費 (4) 金 (1) 料 (2) 貰

3. (1) 費 (2) 金 (3) 貰 (4) 料

사용하기

(1) 학비, 입학금, 등록금, 교재비, 기숙사비, 집세, 월세, 전세, 식비, 교통비, 통신비, 약값, 병원비 등

(2) ④ 교통料

(3) 월세는 집세를 매달 내는 것이고, 전세는 집세를 처음에 한꺼번에 내는 것이다.

8. 날씨

연습하기

1. (1) 雪 (2) 雨 (3) 風 (4) 氣

2. (4) 氣 (1) 雨 (3) 雪 (2) 風

3. (1) 風 (2) 雪 (3) 氣 (4) 雨

사용하기

(1) 일기 예보, 기상청, 기상, 기온, 날씨, 비, 눈, 강수 확률, 풍향, 풍속, 태풍, 폭우, 폭설 등

(2) ① 기사

(3) 날씨를 미리 알 수 있어서 편리한 생활을 할 수 있다.

9. 학업(學業)

연습하기

1. (1) 學 (2) 識 (3) 敎 (4) 習

2. (5) 學 (1) 敎 (4) 習 (3) 識

3. (1) 習 (2) 學 (3) 敎 (4) 識

사용하기

(1) 교육, 배움, 지식, 온라인 교육, 습득

(2) ④ 學

(3) 사회의 변화와 과학 기술의 발전, 길어진 평균 수명

확인하기 3

1. ③ 비용

2. ② 날씨

3. ① 가르치다

4. ① 금연

5. ② 우리

6. ③ 음식

7. ③ 費

8. ④ 風

9. ④ 學

10. ① 소비자 ② 수수료 ③ 월세 ④ 저금

11. ① 강풍 ② 기후 ③ 제설 ④ 폭우

12. ① 교육하다 ② 연습하다 ③ 유학생
    ④ 지식

13. ④ 貰

14. ② 雪

15. ② 習

10. 병(病)

연습하기

1. (1) 病 (2) 藥 (3) 症 (4) 痛

2. (4) 病 (1) 藥 (5) 痛 (3) 症

3. (1) 藥 (2) 症 (3) 痛 (4) 病

사용하기

(1) 성인병, 병, 당뇨병, 심장병, 성인병, 통증,
    우울증, 피로, 스트레스, 질병 등

(2) ③ 病

(3) 현대인들이 일상생활에서 피로와 스트레
    스를 많이 받기 때문이다.

11. 취미(趣味)

연습하기

1. (1) 觀 (2) 動 (3) 會 (4) 作

2. (4) 觀 (5) 動 (3) 會 (1) 作

3. (1) 作 (2) 動 (3) 觀 (4) 會

사용하기

(1) 취미 생활, 자전거 타기, 등산, 축구, 기타

연주, 드림 연주, 색소폰 연주 등

(2) ③ 會

(3) '워라밸(Work-life balance)'은 일과 생
    활의 균형을 이룬다는 뜻이다. 그 예로는
    퇴근 후에나 일을 쉬는 휴일에 운동이나
    악기 연주 등의 나만의 취미를 즐기는 것
    이다.

12. 부정(否定)

연습하기

1. (1) 非 (2) 無 (3) 不 (4) 未

2. (3) 不 (1) 無 (5) 非 (2) 未

3. (1) 不 (2) 非 (3) 無 (4) 未

사용하기

(1) 미성년자, 불가능, 없다, 무조건, 출입 불
    가 등

(2) ① 不, 未

(3) 미성년자에게 해가 되는 것들을 금지하
    여 그들이 건강하고 올바르게 성장할 수
    있게 하기 위해서이다.

확인하기 4

1. ④ 아프다

2. ③ 움직이다

3. ③ 아니다

4. ④ 학생증

5. ① 작년

6. ② 무지개

7. ① 病

8. ④ 會

9. ③ 不

10. ① 눈병 ② 무료 ③ 작곡 ④ 활동

11. ① 관광 ② 미성년 ③ 약국 ④ 회의실

12. ① 대표작 ② 비소설 ③ 불필요
④ 진통제

13. ② 藥

14. ④ 會

15. ③ 不

1. 시간(時間)

년(年)	매년(每年), 신년(新年), 연말(年末), 연소득(年消得), 연휴(年休), 일 년(一 年), 작년(昨年), 청소년(靑少年), 풍년(豊年), 2022년(2022年)
월(月)	매월(每月), 월 계약(月 契約), 월급날(月給날), 월세(月貰), 월 생활비(月 生活費), 월 소득(月 所得), 월수입(月 收入), 월평균(月 平均), 3월 5일(3月 5日), 12월(12月), 12개월(12個月) 할부(割賦)
주(週)	다음 주(週), 매주(每週), 이번 주(周), 일주일(一週日), 주간 계획(週刊 計劃), 주기(週期), 주말(週末), 주말여행(週末旅行), 주일(週日), 주초(週初), 지난주(지난週), 격주(隔週)**
일(日)	공휴일(公休日), 매일(每日), 생일(生日), 여행 일정(旅行 日程), 일기 예보(日氣 豫報), 토요일(土曜日), 평일(平日), 휴일(休日), 1일 3회(1日 3回), 4박 5일(4泊 5日), 10월 3일(10月 3日)

2. 물건(物件)

기(機)	게임기(게임機), 계산기(計算機), 기계(機械), 비행기(飛行機), 사진기(寫眞機), 선풍기(扇風機), 세탁기(洗濯機), 전화기(電話機), 청소기(淸掃機), 승강기(昇降機)*
물(物)	건물(建物), 농산물(農産物), 분실물(紛失物), 애완동물(愛玩動物), 우편물(郵便物), 음식물(飲食物), 준비물(準備物), 수산물(水産物)*, 유물(遺物)*, 폐기물(廢棄物)**
품(品)	가전제품(家電製品), 기념품(紀念品), 생활용품(生活用品), 소지품(所持品), 식료품(食料品), 의약품(醫藥品), 재활용품(再活用品), 품질(品質), 필수품(必需品), 학용품(學用品), 품목(品目)*, 불량품(不良品)*

3. 장소(場所)

장(場)	경기장(競技場), 공연장(公演場), 공장(工場), 극장(劇場), 수영장(水泳場), 시장(市場), 운동장(運動場), 정거장(停車場), 정류장(停留場), 주차장(駐車場), 캠핑장(캠핑場), 해수욕장(海水浴場)

실(室)	강의실(講義室), 거실(居室), 경비실(警備室), 교실(教室), 미용실(美容室), 사무실(事務室), 실내(室內), 실외(室外), 오락실(娛樂室), 응급실(應急室), 침실(寢室), 화장실(化粧室), 회의실(會議室), 휴게실(休憩室)
소(所)	매표소(賣票所), 세탁소(洗濯所), 숙소(宿所), 안내소(案內所), 연구소(研究所), 장소(場所), 주유소(注油所), 출입국관리사무소(出入國管理事務所), 파출소(派出所), 휴게소(休憩所)
원(院)	고아원(孤兒院), 대학원(大學院), 법원(法院), 병원(病院), 양로원(養老院), 요양원(療養院), 학원(學院), 감사원(監查院)**, 한의원(韓醫院)**

4. 이동(移動)

이(移)	이동 통신(移動 通信), 이민(移民), 이사(移徙), 이송(移送), 이식(移植), 이전(移轉), 이직(移職), 이체(移替), 이주(移住)**, 이행(移行)**
통(通)	교통(交通), 유통(流通), 의사소통(意思疏通), 통근버스(通勤버스), 통로(通路), 통신(通信), 통학(通學), 통행금지(通行禁止), 통행량(通行量), 통화(通話), 통화량(通貨量)
도(道)	고가도로(高架道路), 고속도로(高速道路), 도로(道路), 복도(複道), 인도(人道), 차도(車道), 철도(鐵道), 횡단보도(橫斷步道), 궤도(軌道)**

5. 의식주(衣食住)

의(衣)	상의(上衣), 인상착의(人相着衣), 의류(衣類), 의복(衣服), 의상(衣裳), 전통 의상(傳統 衣裳), 탈의실(脫衣室), 하의(下衣)
식(食)	간식(間食), 과식(過食), 식구(食口), 식량(食糧), 식료품(食料品), 식비(食費), 식사(食事), 식습관(食習慣), 식욕(食慾), 식중독(食中毒), 식탁(食卓), 식품(食品), 식후 30분(食後 30分), 한식당(韓食堂)
주(住)	거주(居住), 거주자(居住者), 이주(移住), 이주민(移住民), 입주(入住), 주거(住居), 주거 문화(住居 文化), 주민(住民), 주민세(住民稅), 주소(住所), 주소지(住所地), 주택(住宅), 무주택(無住宅)**

6. 직업(職業)

사(師)	간호사(看護師), 강사(講師), 교사(敎師), 목사(牧師), 미용사(美容師), 수의사(獸醫師), 약사(藥師), 요리사(料理師), 의사(醫師), 제빵사(製빵師), 태권도 사범(跆拳道 師範)
가(家)	기업가(企業家), 번역가(翻譯家), 사업가(事業家), 소설가(小說家), 음악가(音樂家), 작곡가(作曲家), 화가(畫家), 정치가(政治家)*
원(員)	공무원(公務員), 상담원(相談員), 승무원(乘務員), 안내원(案內員), 점원(店員), 종업원(從業員), 직원(職員), 환경미화원(環境美化員), 회사원(會社員), 판매원(販賣員)*
직(職)	사무직(事務職), 직업(職業), 직장(職場), 취직(就職), 퇴직(退職), 구직(求職)*, 실직(失職)*, 이직(移職)*, 육아 휴직(育兒 休職)**

7. 비용(費用)

비(費)	경비(經費), 과소비(過消費), 교통비(交通費), 기숙사비(寄宿舍費), 비용(費用), 생활비(生活費), 식비(食費), 차비(車費), 통신비(通信費), 학비(學費), 회비(會費)
금(金)	계약금(契約金), 금액(金額), 등록금(登錄金), 벌금(罰金), 보증금(保證金), 비상금(非常金), 세금(貰金), 예금(預金), 장학금(獎學金), 저금(貯金), 적금(積金), 현금(現金)
요(料)	무료(無料), 사용료(使用料), 수수료(手數料), 연체료(延滯料), 요금(料金), 유료(有料), 입장료(入場料), 주차료(駐車料), 통화료(通話料), 보험료(保險料)*, 임대료(賃貸料)**
세(貰)	세입자(貰入者), 월세(月貰), 전세(傳貰), 전세 계약(傳貰 契約), 전세 보증금(傳貰 保證金), 집세(집貰), 방세(房貰)**, 월셋방(月貰房)**

8. 날씨

기(氣)	공기(空氣), 기상청(氣象廳), 기온(氣溫), 기후(氣候), 냉기(冷氣), 대기(大氣), 열기(熱氣), 온기(溫氣), 일기 예보(日氣 豫報), 기류(氣流)**
우(雨)	강우량(降雨量), 우기(雨期), 우박(雨雹), 우비(雨備), 우산(雨傘), 폭우(暴雨), 호우(豪雨), 호우 주의보(豪雨 注意報), 호우 피해(豪雨 被害), 기우제(祈雨祭)**, 측우기(測雨器)**

설(雪)	대설(大雪), 대설 경보(大雪 警報), 만년설(萬年雪), 설경(雪景), 설로(雪路), 설원(雪原), 적설량(積雪量), 제설(除雪), 폭설(暴雪), 폭설 주의보(暴雪 注意報), 설상가상(雪上加霜)**, 엄동설한(嚴冬雪寒)**
풍(風)	강풍(强風), 냉풍(冷風), 미풍(微風), 선풍기(扇風機), 약풍(弱風), 온풍(溫風), 태풍(颱風), 폭풍(暴風), 폭풍우(暴風雨), 풍선(風船), 풍력(風力), 풍차(風車), 풍향(風向)

9. 학업(學業)

학(學)	견학(見學), 방학(放學), 유학(留學), 입학(入學), 재학(在學), 진학(進學), 학기(學期), 학문(學問), 학업(學業), 휴학(休學)
교(敎)	공교육(公敎育), 교과서(敎科書), 교사(敎師), 교수(敎授), 교실(敎室), 교양(敎養), 교육(敎育), 교재(敎材), 교훈(敎訓), 종교(宗敎)*, 사교육(私敎育)*
습(習)	강습(講習), 복습(復習), 습관(習慣), 실습(實習), 연습(演習), 예습(豫習), 자습(自習), 풍습(風習), 학습(學習), 관습(慣習)*, 습득(習得)*
식(識)	상식(常識), 인식(認識), 의식(意識), 지식(知識), 무식(無識)*, 감식(鑑識)**, 박식(博識)**, 식견(識見)**, 유식(有識)**, 학식(學識)**

10. 병(病)

병(病)	냉방병(冷房病), 눈병(눈病), 문병(問病), 병들다(病들다), 병문안(病問安), 병실(病室), 병원(病院), 성인병(成人病), 질병(疾病), 향수병(鄕愁病)
통(通)	고통(苦痛), 두통(頭痛), 두통약(頭痛藥), 복통(腹痛), 진통(鎭痛), 진통제(鎭痛劑), 치통(齒痛), 통증(痛症), 생리통(生理痛)*, 신경통(神經痛)*, 편두통(偏頭痛)*
증(症)	갈증(渴症), 우울증(憂鬱症), 증상(症狀), 증세(症勢), 통증(痛症), 건망증(健忘症)*, 불면증(不眠症), 염증(炎症)**, 중증(重症)**, 현기증(眩氣症)**, 후유증(後遺症)**
약(藥)	두통약(頭痛藥), 물약(물藥), 소독약(消毒藥), 안약(眼藥), 약국(藥局), 약사(藥師), 약물(藥物), 약품(藥品), 제약(製藥), 치약(齒藥), 한약(漢藥)

11. 취미(趣味)

관(觀)	가치관(價値觀), 관객(觀客), 관광(觀光), 관광객(觀光客), 관광지(觀光地), 관람(觀覽), 관람석(觀覽席), 관찰(觀察), 관점(觀點)*, 낙관(樂觀)*, 주관(主觀)*, 관념(觀念)**, 관측(觀測)**
동(動)	감동(感動), 노동자(勞動者), 동영상(動映像), 동작(動作), 부동산(不動産), 운동(運動), 운동화(運動靴), 이동(移動), 자동차(自動車), 행동(行動), 활동(活動)
회(會)	대회(大會), 동창회(同窓會), 동호회(同好會), 송별회(送別會), 연주회(演奏會), 음악회(音樂會), 전시회(展示會), 환영회(歡迎會), 회비(會費), 회사(會社), 회식(會食), 회원(會員), 회의(會議), 회의실(會議室)
작(作)	대표작(代表作), 작곡(作曲), 작곡가(作曲家), 작동(作動), 작문(作文), 작성(作成), 작업(作業), 작용(作用), 작전(作戰), 작품(作品), 제작(製作)

12. 부정(否定)

불/부(不)	부동산(不動産), 부작용(不作用), 부정확(不正確), 부족(不足), 불가능(不可能), 불규칙(不規則), 불이익(不利益), 불친절(不親切), 불편(不便), 불필요(不必要)
무(無)	무감각(無感覺), 무관심(無關心), 무료(無料), 무소식(無消息), 무식(無識), 무응답(無應答), 무의미(無意味), 무조건(無條件), 무책임(無責任), 무해(無害), 무인도(無人島)*, 무사고(無事故)**
비(非)	비공개(非公開), 비공식(非公式), 비상식(非常識), 비소설(非小說), 비싸다(非싸다), 비인간적(非人間的), 비전문가(非專門家), 비정상(非正常), 비폭력(非暴力)*, 비무장(非武裝)**
미(未)	미만(未滿), 미발급(未發給), 미성년(未成年), 미제출(未提出), 미지급(未支給), 미혼(未婚), 미확인(未確認), 미성숙(未成熟)*, 미달(未達)**, 미완성(未完成)**

저자

정미혜
경희대학교 국제한국언어문화학과 박사

최선미
경희대학교 국제한국언어문화학과 박사 수료

장은경
경희대학교 국제한국언어문화학과 박사

박영주
경희대학교 국제한국언어문화학과 석사

한국어 속의 한자어

초판1쇄 인쇄 2021년 9월 3일
초판1쇄 발행 2021년 9월 10일

지은이   정미혜 장은경 최선미 박영주
펴낸이   이대현
편집   이태곤 권분옥 문선희 임애정 강윤경
디자인   안혜진 최선주 이경진
마케팅   박태훈 안현진

펴낸곳   도서출판 역락
출판등록 1999년 4월 19일 제303-2002-000014호
주소   서울시 서초구 동광로 46길 6-6 문창빌딩 2층 (우06589)
전화   02-3409-2060
팩스   02-3409-2059
홈페이지   www.youkrackbooks.com
이메일   youkrack@hanmail.net

ISBN 979-11-6742-197-5 03710